AF555609

GEORGE S. CLASON

El hombre más rico de Babilonia

Cómo alcanzar el éxito
y solucionar tus problemas financieros

EDICIONES OBELISCO

Si este libro le ha interesado y desea que le mantengamos informado de nuestras publicaciones, escríbanos indicándonos qué temas son de su interés (Astrología, Autoayuda, Ciencias Ocultas, Artes Marciales, Naturismo, Espiritualidad, Tradición…) y gustosamente le complaceremos.

Puede consultar nuestro catálogo en www.edicionesobelisco.com

Colección Éxito

El hombre más rico de Babilonia

George S. Clason

1.ª edición en versión bolsillo: octubre de 2025

Título original: *The richest man in Babylon*

Traducción: *José Luis Sánchez*

Revisión y actualización: *TsEdi, Teleservicios Editoriales, S. L*

Diseño de cubierta: *Espacio y punto*

Maquetación: *Isabel Estrada*

Edita: Ediciones Obelisco, S. L.

Collita, 23-25. Pol. Ind. Molí de la Bastida

08191 Rubí - Barcelona - España

Tel. 93 309 85 25

E-mail: info@edicionesobelisco.com

ISBN: 978-84-1172-344-2

DL B 3.955-2012

Impreso por CPI Black Print - Barcelona

Printed in Spain

Ante ti se extiende el futuro como un camino que lleva muy lejos. A lo largo de ese camino, se encuentran los sueños que deseas cumplir…, los deseos que quieres satisfacer.

Para realizar tus sueños y tus deseos, debes triunfar en el terreno financiero. Para ello, aplica los principios fundamentales claramente enunciados en las páginas de este libro. Deja que estos principios te alejen de las dificultades que conlleva la pobreza y que te ofrezcan la vida feliz y plena que aporta una bolsa bien provista.

Estos principios son universales e inmutables igual que la ley de la gravedad. Te podrán mostrar, como ya lo han hecho a tantos otros antes que a ti, la manera de engordar tu bolsa, de aumentar tu cuenta bancaria y de asegurarte un notable éxito económico.

El dinero será abundante para los que comprendan las sencillas reglas de la adquisición de bienes.

1. Comienza a llenar tu bolsa.
2. Controla tus gastos.
3. Haz que tu dinero dé frutos.
4. Impide que tus tesoros se pierdan.
5. Haz que tu propiedad sea una inversión rentable.
6. Asegúrate ingresos para el futuro.
7. Aumenta tu habilidad en la adquisición de bienes.

Prefacio

Nuestra prosperidad como nación depende de la prosperidad financiera personal de cada uno de nosotros como individuos.

Este libro trata del éxito personal de cada uno. El éxito procede de los logros conseguidos gracias a nuestros esfuerzos y habilidades. La clave del éxito es una buena preparación. Nuestras acciones no pueden ser más sabias que nuestros pensamientos. Nuestra manera de pensar no puede ser más sabia que nuestro entendimiento.

Este libro de terapia para los bolsillos vacíos constituye una guía financiera. Su objetivo es ofrecer a los que buscan el éxito económico una visión que los ayude a conseguir dinero, a conservarlo y a hacer que dé frutos. En las páginas siguientes, serás transportado a Babilonia, cuna de las reglas básicas de la economía que aún hoy en día son reconocidas y aplicadas en todo el mundo. El autor desea que este libro, igual que lo ha sido para tantos otros en todo el país, sirva de inspiración a sus nuevos lectores para que consigan que su cuenta bancaria se engrose constantemente, que aumenten sus éxitos económicos y que descubran la solución a sus problemas financieros.

El autor aprovecha la ocasión para expresar su gratitud a los que han compartido generosamente estos relatos con sus amigos, parientes, empleados y socios. Ningún apoyo habría sido más convincente que el de las personas prácticas que aprecian estas enseñanzas porque han triunfado utilizando las reglas que propone este libro.

Babilonia fue la ciudad más rica del mundo en la Antigüedad debido a que sus ciudadanos eran en aquel tiempo los más ricos. Apreciaban el valor del dinero. Ellos aplicaron unas sólidas reglas básicas para obtenerlo, conservarlo y lograr que diera fruto. Consiguieron lo que todos deseamos: ingresos para el futuro.

G. S. C.

Dinero es el criterio universal por el que se mide el éxito en nuestra sociedad.

El dinero da la posibilidad de gozar de lo mejor de la existencia.

El dinero es abundante para quien conoce los medios de obtenerlo.

Hoy en día el dinero está sometido a las mismas leyes que lo regían hace seis mil años, cuando los hombres prósperos se paseaban por las calles de Babilonia.

1. El hombre que deseaba oro

Bansir, el fabricante de carros de la ciudad de Babilonia, se sentía muy desanimado. Sentado en el muro que rodeaba su propiedad, contemplaba tristemente su modesta casa y su taller, en el cual había un carro sin terminar. Su mujer salía a menudo a la puerta y lanzaba una mirada furtiva en su dirección recordándole que ya casi no les quedaba comida y que tendría que estar acabando el carro, es decir, clavando, tallando, puliendo, pintando y extendiendo el cuero sobre las ruedas, de modo que estuviera preparado para ser entregado al rico cliente y pagado por éste.

Sin embargo, su cuerpo grande y musculoso permanecía inmóvil apoyado en la pared. Su mente lenta daba vueltas a un asunto al que no encontraba solución alguna. El cálido sol tropical, tan típico del valle del Éufrates, caía sobre él sin piedad. Perlas de sudor se formaban en su frente y se deslizaban inadvertidas hasta desaparecer en su pecho velludo.

En la parte trasera, su casa estaba dominada por los muros que rodeaban las terrazas del palacio real. Muy cerca de allí, la torre pintada del Templo de Bel se recortaba contra el azul del cielo. A la sombra de tal grandeza, se encontraba su modesta casa, y muchas otras menos limpias y cuidadas que la suya.

Así era Babilonia: una mezcla de grandeza y miseria, de cegadora riqueza y de terrible pobreza sin orden alguno en el interior de las murallas de la ciudad.

Si se hubiera molestado en darse la vuelta, Bansir habría visto cómo los ruidosos carros de los ricos empujaban y hacían tambalearse a los comerciantes que llevaban sandalias y a los mendigos que iban descalzos. Incluso los ricos se veían obligados a meter los pies en los desagües para dejar paso a las largas filas de esclavos y de portadores de agua 'a servicio del rey'. Cada esclavo llevaba una pesada piel de cabra llena de agua que vertía en los jardines colgantes.

Bansir estaba demasiado absorto en su propio problema para oír o prestar atención al ajetreo confuso de la rica ciudad. Fue el sonido familiar de una lira lo que le sacó de su ensoñación. Se dio la vuelta y vio el rostro expresivo y sonriente de su mejor amigo, Kobi el músico.

—Que los dioses te bendigan con gran generosidad, mi buen amigo –dijo Kobi a modo de saludo–. Aunque me parece que son tan generosos que ya no tienes ninguna necesidad de trabajar. Me alegro de que tengas esa suerte. Es más, me gustaría compartirla contigo. Te ruego que me hagas el favor de sacar dos shekeles de tu bolsa, que debe estar bien llena, puesto que no estás trabajando en tu taller, y me los prestes hasta después del festín de los nobles de esta noche. No los perderás, te los devolveré.

—Si tuviera dos shekeles –respondió tristemente Bansir–, no podría prestárselos a nadie, ni a ti, mi mejor amigo, porque serían toda mi fortuna. Nadie presta toda su fortuna ni a su mejor amigo.

—¿Qué? –exclamó Kobi sorprendido–. ¿No tienes ni un shekel en tu bolsa y te quedas sentado en el muro como una estatua? ¿Por qué no acabas ese carro? ¿Cómo sacias tu hambre? No te reconozco, amigo mío. ¿Dónde está tu energía desbordante? ¿Te aflige alguna cosa? ¿Te han causado los dioses algún problema?

—Debe de ser un castigo que me han enviado los dioses –asintió Bansir–. Comenzó con un sueño, un sueño que no tenía sentido, en el que yo creía que era un hombre afortunado. De mi cintura colgaba una hermosa bolsa repleta de pesadas monedas. Poseía shekeles que tiraba despreocupadamente a los mendigos, monedas de oro con las que compraba adornos para mi mujer y todo lo que deseaba para mí; eran tantas las monedas de oro que tenía, que incluso me permitían mirar con tranquilidad el futuro y gastar con libertad. Me invadía un maravilloso sentimiento de satisfacción. Si me hubieras visto, no habrías conocido en mí al esforzado trabajador ni en mi esposa a esa mujer arrugada; habrías encontrado en su lugar a una mujer con el rostro pletórico de felicidad que sonreía como al comienzo de nuestro matrimonio.

—Un bello sueño, en efecto –comentó Kobi–, pero ¿por qué sentimientos tan placenteros te han convertido en una estatua colocada sobre el muro?

—¿Por qué? Porque en el momento que me he despertado y he recordado hasta qué punto mi bolsa se encontraba vacía, me ha invadido un sentimiento de rebeldía. Me gustaría hablar de ello contigo, porque, como dicen los marinos, los dos remamos en la misma barca. De jóvenes fuimos a visitar a los sacerdotes para aprender su sabiduría. Cuando nos hicimos hombres, compartimos los mismos placeres. En la edad adulta, siempre hemos sido buenos amigos. Estábamos satisfechos de nuestra suerte. Éramos felices de trabajar largas horas y de gastar libremente nuestro salario. Ganamos mucho dinero durante los años pasados, pero los goces de la riqueza sólo los hemos podido experimentar en sueños. ¿Somos acaso estúpidos borregos? Vivimos en la ciudad más rica del mundo. Los viajeros dicen que ninguna otra ciudad la iguala. Ante nosotros se extiende esta riqueza, pero no poseemos nada de ella. Tras haber pasado la mitad de tu vida trabajando arduamente, tú, mi mejor amigo, tienes la bolsa vacía y me preguntas: "¿Me puedes dejar una suma tan insignificante como dos shekeles hasta después del festín de los nobles de esta noche?". ¿Y qué es lo que yo te respondo? ¿Digo que aquí tienes mi bolsa y que comparto contigo su contenido? No, admito que mi bolsa está tan vacía como la tuya. ¿Qué es lo que no funciona? ¿Por qué no podemos conseguir más plata y más oro, más de lo necesario para poder comer y vestirnos?

»Consideremos a nuestros hijos. ¿No están siguiendo el mismo camino de sus padres? ¿También ellos con sus familias, y sus hijos con las suyas, habrán de vivir entre los acaparadores de oro y se tendrán que contentar con beber la consabida leche de cabra y alimentarse de caldo claro?

—Durante todos estos años que hemos sido amigos, nunca habías hablado así –replicó Kobi intrigado.

—Durante todos estos años, nunca había pensado así. Desde el alba hasta que me hacía parar la oscuridad de la noche, he trabajado haciendo los más bellos carros que pueda fabricar un hombre sin casi atreverme apenas a esperar que un día los dioses reconocerían mis buenas obras y me darían una gran prosperidad, lo que jamás han hecho. Al fin me doy cuenta de que nunca lo harán. Por eso estoy triste. Deseo ser rico. Quiero poseer tierras y ganado, lucir bellas ropas y llenar mi bolsa de dinero. Estoy dispuesto a trabajar con todas mis fuerzas, con toda la habilidad de mis manos, con toda la destreza de mi cabeza, pero deseo que mis esfuerzos sean recompensados. ¿Qué nos ocurre? Te lo vuelvo a preguntar. ¿Por qué no tenemos una parte justa de todas las cosas buenas que con tanta abundancia pueden conseguir los que poseen el oro?

—¡Ay, si conociera la respuesta! –respondió Kobi–. Yo no estoy más satisfecho que tú. Todo el dinero que gano con mi lira se gasta rápidamente. A menudo he de planificar y calcular para que mi familia no pase hambre. Yo también tengo en mi fuero interno el deseo de poseer una lira suficientemente grande para hacer sonar la variada música que me viene a la mente. Con un instrumento así, podría producir una música tan suave que ni el mismo rey habría oído nunca nada parecido.

—Tú deberías tener una lira así. Nadie en la ciudad de Babilonia podría hacerla sonar mejor que tú, hacerla cantar tan melodiosamente que, no sólo el rey, sino incluso los dioses quedarían maravillados. Pero ¿cómo podrías conseguirla si tú y yo somos tan pobres como los esclavos del rey? ¡Escucha la campana! ¡Ya vienen! –dijo señalando una larga columna de hombres medio desnudos, los portadores de agua que venían del río, sudando y sufriendo por una estrecha calle. Caminaban en columnas de cinco, encorvados bajo la pesada piel de cabra llena de agua.

—El hombre que los guía es hermoso –Kobi indicó al hombre que tocaba la campana y andaba sin carga al frente de todos–. En su país es fácil encontrar a hombres hermosos.

—En la fila, hay varios rostros bellos –dijo Bansir–, tanto como los nuestros. Hombres del norte altos y rubios, hombres del sur negros y risueños, y hombres pequeños y morenos de los países vecinos. Todos caminan juntos del río a los jardines y de los jardines al río, cada día de cada año. No pueden esperar ninguna felicidad. Duermen sobre lechos de paja y comen gachas. ¡Me dan pena esos pobres animales, Kobi!

—A mí también me dan pena. Pero me hacen recordar que nosotros no estamos mucho mejor que ellos, aunque nos llamemos libres.

—Es cierto, Kobi, pero no me gusta pensar en eso. No queremos seguir viviendo como esclavos año tras año. Trabajar, trabajar, trabajar… ¡Y no llegar a nada!

—¿No deberíamos intentar averiguar cómo consiguieron los otros su oro y hacer como ellos? –preguntó Kobi.

—Tal vez haya un secreto que podremos aprender simplemente si encontramos a los que lo conocen –respondió Bansir pensativo.

—Hoy mismo –añadió Kobi– me he cruzado con nuestro viejo amigo Arkad, que se paseaba en su carro dorado. Te diré que ni me ha mirado, como algunos de los de su clase creen tener derecho a hacer. En vez de eso, ha hecho una señal con la mano para que los espectadores pudieran verle saludar y conceder el favor de una sonrisa amable a Kobi el músico.

—Sí, dicen que es el hombre más rico de toda Babilonia –dijo Bansir.

—Tan rico, dicen, que el rey recurre a su oro para asuntos del tesoro –contestó Kobi.

—Tan rico –comentó Bansir– que si me lo encontrara de noche, estaría tentado de vaciarle la bolsa.

—¡Eso es absurdo! –replicó Kobi–. La fortuna de un hombre no está en la bolsa que lleva consigo. Una bolsa bien repleta se vacía con rapidez si no hay una fuente de oro para alimentarla. Arkad tiene unos ingresos que mantienen su bolsa llena, gaste como gaste su dinero.

—¡Los ingresos! ¡Eso es lo importante! –dijo Bansir–. Deseo una renta que continúe alimentando mi bolsa, tanto si me quedo sentado en el muro de mi casa como si viajo a lejanos países. Arkad debe de saber cómo un hombre puede asegurarse una renta. ¿Crees que será capaz de explicárselo a alguien con una mente tan torpe como la mía?

—Me parece que enseñó su saber a su hijo Nomasir –respondió Kobi–. Éste fue a Nínive y, según dicen en la posada, se convirtió, sin la ayuda de su padre, en uno de los hombres más ricos de la ciudad.

—Kobi, lo que acabas de decir ha hecho que se me ocurra una magnífica idea –un nuevo brillo apareció en los ojos de Bansir–. Nada cuesta pedir un sabio consejo a un buen amigo, y Arkad siempre ha sido un amigo. No importa que nuestras bolsas estén tan vacías como el nido de halcón del año anterior. No nos detengamos por eso. No nos inquietemos por no poseer oro en medio de la abundancia. Deseamos ser ricos. ¡Ven! Vayamos a ver a Arkad y preguntémosle cómo podríamos conseguir ganancias por nosotros mismos.

—Hablas poseído por una auténtica inspiración, Bansir. Traes a mi mente una nueva visión de las cosas. Me haces tomar conciencia de la razón por la que nunca hemos tenido riqueza. Nunca la hemos buscado activamente. Tú has trabajado con paciencia para construir los carros más sólidos de Babilonia. Has concentrado en ello todos tus esfuerzos y lo has conseguido. Yo me he esforzado en convertirme en un hábil músico, y lo he logrado.

»En lo que nos hemos propuesto triunfar, hemos triunfado. Los dioses estaban contentos de dejamos continuar así. Ahora, por fin vemos una luz tan brillante como el amanecer y nos ordena que aprendamos más para prosperar. Encontraremos, con un nuevo entendimiento, métodos honrados de cumplir nuestros deseos.

—Vayamos hoy a ver a Arkad –dijo Bansir–. Pidamos a los amigos de nuestra infancia que tampoco han triunfado que se nos unan y que compartan con nosotros esa sabiduría.

—Eres en verdad un amigo considerado, Bansir. Por eso tienes tantas amistades. Haremos como dices. Vayamos hoy a buscarlos para que vengan con nosotros.

2. El hombre más rico de Babilonia

En la antigua Babilonia vivía un hombre muy rico que se llamaba Arkad. Su inmensa fortuna hacía que fuera admirado en todo el mundo. También era conocido por su generosidad. Daba desinteresadamente a los pobres, era espléndido con su familia y gastaba mucho en sí mismo, pero su fortuna se acrecentaba cada año más de lo que podía gastar.

Un día, unos amigos de la infancia lo fueron a ver y le dijeron:

—Tú, Arkad, eres más afortunado que nosotros. Te has convertido en el hombre más rico de Babilonia mientras que nosotros todavía estamos luchando por subsistir. Tú puedes llevar las más bellas ropas y regalarte con los manjares más exóticos, mientras que nosotros nos hemos de conformar con vestir a nuestras familias de manera apenas decente y alimentarlas lo mejor que podemos.

»Sin embargo, hubo un tiempo en el que éramos iguales. Estudiamos con el mismo maestro y jugamos a los mismos juegos, aunque no nos superabas en los juegos ni en los estudios, y durante esos años no fuiste mejor ciudadano que nosotros.

»Y, por lo que podemos juzgar, no has trabajado más duro ni más arduamente que nosotros. ¿Por qué entonces te elige a ti la suerte caprichosa para que goces de todas las cosas buenas de la vida y a nosotros, que tenemos los mismos méritos, nos ignora?

—Si sólo habéis conseguido vivir de manera sencilla desde los años de nuestra juventud –los reprendió Arkad–, es que no habéis aprendido las reglas que permiten acceder a la riqueza, o también puede ser que no las hayáis observado.

»'La Fortuna Caprichosa' es una diosa malvada que no favorece siempre a las mismas personas. Al contrario, lleva a la ruina a casi todos los hombres sobre los que ha hecho llover oro sin que hicieran esfuerzo alguno. Mueve a actuar de manera desordenada a los derrochadores irreflexivos que gastan todo lo que ganan, dejándoles tan sólo apetitos y deseos tan grandes que no puedan saciarlos. En cambio, otras personas a las que favorece se vuelven avaras y atesoran sus bienes por miedo a gastar los que tienen, pues saben que no son capaces de reponerlos. Además, siempre temen ser asaltados por los ladrones y se condenan a vivir una vida vacía, solos y miserables.

»Probablemente existen otros que pueden usar el oro que han ganado sin esfuerzo, hacerlo rendir y continuar siendo hombres felices y ciudadanos satisfechos. Sin embargo, no son muchos. Sólo los conozco de oídas. Pensad en los hombres que repentinamente han heredado fortunas y decidme si esto que os digo no es cierto.

Sus amigos pensaron que estas palabras eran ciertas, pues conocían a hombres que habían heredado fortunas, y le pidieron que les explicara cómo se había convertido en un hombre tan próspero, por lo que continuó:

—En mi juventud, miré a mi alrededor y vi todas las buenas cosas que me podían dar felicidad y satisfacción, y me di cuenta de que la riqueza aumentaba el poder de esos bienes.

»La riqueza es un poder, la riqueza hace posible muchas cosas.

»Permite amueblar una casa con los más bellos muebles.

»Permite navegar por mares lejanos.

»Permite degustar finos manjares de lejanos países.

»Permite comprar los adornos del orfebre y del joyero.

»Permite, incluso, construir grandiosos templos para los dioses.

»Permite todas esas cosas y aún muchas otras que procuran placer a los sentidos y satisfacción al alma.

»Cuando comprendí todo eso, me prometí que yo tendría mi parte de las cosas buenas de la vida, que no sería uno de esos que se mantienen al margen, mirando con envidia cómo los otros gozan de su fortuna. No me conformaría con ropas menos caras que sólo serían respetables. No me contentaría con la vida de un pobre hombre. Al contrario, estaría invitado al banquete de las buenas cosas.

»Siendo, como ya sabéis, el hijo de un humilde comerciante, y miembro de una familia numerosa, no tenía ninguna esperanza de heredar y no estaba especialmente dotado de fuerza o de sabiduría, como habéis dicho antes con tanta franqueza; así que decidí que si quería obtener lo que deseaba, necesitaría dedicar tiempo y estudio.

»En cuanto al tiempo, todos los hombres lo tienen en abundancia. Vosotros habéis dejado pasar el tiempo necesario para enriquecerse. Y sin embargo admitís que no tenéis más bienes que vuestras buenas familias, de las que tenéis razón de estar orgullosos.

»En lo que concierne al estudio, ¿no nos enseñó nuestro sabio profesor que posee dos niveles? Las cosas que ya hemos aprendido y que ya sabemos, y la formación que nos muestra cómo descubrir las que no sabemos.

»Así decidí buscar qué había que hacer para acumular riquezas, y cuando lo encontré, me creí en la obligación de hacerlo y de hacerlo bien. Pues ¿acaso no es sabio el querer aprovechar la vida mientras nos ilumina el sol, ya que la desgracia pronto se abatirá sobre nosotros en el momento que partamos hacia la negrura del mundo de los espíritus?

»Encontré un puesto de escriba en la sala de archivos, en la que durante largas horas todos los días trabajaba sobre las tablillas de barro, semana tras semana, mes tras mes; sin embargo, nada me quedaba de lo que ganaba. La comida, el vestido, lo que correspondía a los dioses y otras cosas de las que ya no me acuerdo absorbían todos mis beneficios. Pero aun así estaba decidido.

»Y un día, Algamish el prestamista vino a la casa del señor de la ciudad y encargó una copia de la novena ley; me dijo: "La tengo que tener en mi poder dentro de dos días; si el trabajo está hecho a tiempo, te daré dos monedas de cobre".

»Así que trabajé duro, pero la ley era larga y cuando Algamish volvió, no había terminado el trabajo. Estaba tan enfadado que si hubiera sido su esclavo, me habría pegado. Pero como sabía que mi amo no lo habría permitido, no tuve miedo y le pregunté: "Algamish, sois un hombre rico. Decidme cómo puedo hacerme rico y trabajaré toda la noche escribiendo en las tablillas para que cuando el sol se levante la ley esté ya grabada".

»Él me sonrió y respondió: "Eres un joven astuto, pero acepto el trato".

»Pasé toda la noche escribiendo, aunque me dolía la espalda y el mal olor de la lámpara me daba dolor de cabeza, hasta que ya casi no podía ni ver, pero cuando al amanecer él regresó, las tablillas estaban terminadas.

»"Ahora", dije, "cumple tu promesa".

»"Tú has hecho tu parte del trato, hijo mío", me dijo él bondadosamente, "y yo estoy dispuesto a cumplir la mía. Te diré lo que deseas saber, porque me vuelvo viejo y a las lenguas viejas les gusta hablar, y cuando un joven se dirige a un viejo para recibir un consejo, bebe de la fuente de la sabiduría que da la experiencia. Demasiadas veces, los jóvenes creen que los viejos sólo conocen la sabiduría de los tiempos pasados y de ese modo no sacan provecho de ella. Pero recuerda esto: el sol que brilla ahora es el mismo que brillaba cuando nació tu padre y el mismo que brillará cuando muera el último de tus nietos".

»"Las ideas de los jóvenes", continuó, "son luces resplandecientes que brillan como meteoros iluminando el cielo, pero la sabiduría del anciano es como las estrellas fijas que lucen siempre de la misma manera, de modo que los marinos puedan confiar en ellas".

»"Retén bien estas palabras si quieres captar la esencia de lo que te voy a decir y así no pensar que has trabajado en vano durante toda la noche".

»Entonces, bajo las pobladas cejas, se miraron a los ojos fijamente y dijo en voz baja pero firme: "Encontré el camino de la riqueza cuando decidí que *una parte de todo lo que ganaba me tenía que pertenecer.* Lo mismo será verdad para ti".

»Después continuó mirándome y su mirada me atravesó, pero no añadió nada más. "¿Eso es todo?", pregunté.

»"¡Fue suficiente para convertir en prestamista de oro a un pastor!", respondió.

»"Pero puedo conservar *todo* lo que gano, ¿no?", dije.

»"En absoluto", contestó. "¿No pagas al zapatero? ¿No pagas al sastre? ¿No pagas por la comida? ¿Puedes vivir en Babilonia sin gastar? ¿Qué te queda de todo lo que ganaste durante el año pasado? ¡Idiota! Pagas a todo el mundo menos a ti. Lelo, trabajas para los otros. Lo mismo daría que fueras un esclavo y trabajaras para un dueño que te diera lo que necesitas para comer y vestir. Si guardaras la décima parte de lo que ganas en un año, ¿cuánto tendrías en diez años?".

»Mis conocimientos de cálculo me permitieron responder: "Tanto como gano en un año".

»Él replicó: "Lo que dices es una verdad a medias. Cada moneda de oro que ahorras es un esclavo que trabaja para ti. Cada una de las pequeñas monedas que te proporcionará ésta, engendrará otras que también trabajarán para ti. ¡Si te quieres hacer rico, tus ahorros te deben rendir y estos rendimientos rendirte a su vez! Todo esto te ayudará a conseguir la abundancia que tanto ansías".

»"Crees que te pago mal por la larga noche de trabajo", continuó, "pero en verdad te pago mil veces; sólo hace falta que captes la esencia de lo que te he contado".

»"Una parte de lo que tú ganas es tuyo y lo puedes conservar. No debe ser menos de una décima parte, sea cual sea la cantidad que tú ganes. Puede ser mucho más cuando te lo puedas permitir. Primero págate a ti. No compres al zapatero o al sastre más de lo que puedas pagar de modo que con lo que te quede tengas suficiente para la alimentación, la caridad y la devoción a los dioses".

»"La riqueza, como el árbol, nace de una semilla. La primera moneda que ahorres será la semilla que hará crecer el árbol de tu riqueza. Cuanto antes plantes tu semilla, antes crecerá el árbol. Cuanto más fielmente riegues y abones tu árbol, antes te refrescarás, satisfecho, bajo su sombra".

»Nada más decir esto, tomó sus tablillas y se fue.

»Pensé mucho en lo que me había dicho y me pareció razonable. Así que decidí que lo intentaría. Cada vez que me pagaban, tomaba una moneda de cobre de cada diez y la guardaba. Y por extraño que parezca, no me faltaba más dinero que antes. Tras habituarme, casi ni me daba cuenta, pero a menudo estaba tentado de gastar mi tesoro, que empezaba a crecer, para comprar algunas de las buenas cosas que mostraban los mercaderes, cosas traídas por los camellos y los barcos del país de los fenicios, pero me retenía prudentemente.

»Doce meses después de la visita de Algamish, volvió y me dijo: "Hijo mío, ¿te has pagado con la décima parte de lo que has ganado este año?".

»Yo respondí orgulloso: "Sí, maestro".

»"Bien", respondió contento, "¿qué has hecho con ella?".

»"Se la he dado a Azmur, el fabricante de ladrillos. Me ha dicho que viajaría por mares lejanos, que compraría joyas raras a los fenicios en Tiro para luego venderlas aquí a elevados precios y que compartiríamos las ganancias".

»"Se aprende a golpes", gruñó, "¿cómo has podido confiar en un fabricante de ladrillos sobre una cuestión de joyas? ¿Irías a ver al panadero para consultarle un asunto de las estrellas? Seguro que no; si pensaras un poco, irías a ver a un astrónomo. Has perdido tus ahorros, mi joven amigo; has cortado tu árbol de la riqueza de raíz. Pero planta otro. Y la próxima vez, si quieres un consejo sobre joyas, ve a ver a un joyero. Si quieres saber la verdad sobre los corderos, ve a ver al pastor. Los consejos son una cosa que se da gratuitamente, pero toma tan sólo los buenos. Quien pide consejo sobre sus ahorros a alguien que no es entendido en la materia habrá de pagar con sus economías el precio de la falsedad de los consejos". Tras decir esto, se marchó.

»Y pasó como él había predicho, pues los fenicios resultaron ser unos canallas, y vendieron a Azmur trozos de vidrio sin valor que parecían piedras preciosas. Pero, como me había indicado Algamish, volví a ahorrar una moneda de cobre de cada diez que ganaba, ya que me había acostumbrado y no me era difícil.

»Doce meses más tarde, Algamish volvió a la sala de los escribas y se dirigió a mí. "¿Qué progresos has realizado desde la última vez que te vi?".

»"Me he pagado regularmente", repliqué, "y he confiado mis ahorros a Ager, el fabricante de escudos, para que compre bronce y cada cuatro meses me paga los intereses".

»"Muy bien. ¿Y qué haces con esos intereses?".

»"Me doy un gran festín con miel, buen vino y pastel de especias. También me he comprado una túnica escarlata. Y algún día me compraré un asno joven para poderme pasear".

»Al oír eso, Algamish rió: "Te comes los beneficios de tus ahorros. Así, ¿cómo quieres que trabajen para ti? ¿Cómo van a producir a su vez más beneficios que trabajen para ti? Procúrate primero un ejército de esclavos de oro y después podrás gozar de los banquetes sin preocuparte".

»Tras esto, no lo volví a ver en dos años. Cuando regresó, su rostro estaba cubierto de arrugas y tenía los ojos hundidos, ya que se estaba haciendo viejo. Me dijo: "Arkad, ¿ya eres rico, tal como soñabas?".

»Y yo respondí: "No, todavía no poseo todo lo que deseo; sólo una parte, pero obtengo beneficios que se van multiplicando".

»“¿Y todavía pides consejo a los fabricantes de ladrillos?”.

»“En cuanto a la manera de fabricar ladrillos, dan buenos consejos”, repliqué.

»“Arkad”, continuó, “has aprendido bien la lección. Primero aprendiste a vivir con menos de lo que ganabas; después, aprendiste a pedir consejo a hombres que fueran competentes gracias a su experiencia y que quisieran compartir ésta, y finalmente has aprendido a hacer que tu dinero trabaje para ti”.

»“Has aprendido por ti solo la manera de conseguir dinero, de conservarlo y de usarlo, de modo que eres competente y estás preparado para asumir un puesto de responsabilidad. Yo me hago viejo y mis hijos sólo piensan en gastar y nunca en ganar. Mis negocios son muy grandes y tengo miedo de no poderme encargar de ellos. Si quieres ir a Nipur a encargarte de mis tierras de allí, te haré mi socio y compartiremos los beneficios”.

»Así que fui a Nipur y me encargué de los negocios importantes, y como estaba lleno de ambición y había aprendido las tres reglas de gestión de la riqueza, pude aumentar en gran medida el valor de sus bienes. Así que cuando el espíritu de Algamish se fue al mundo de las tinieblas, tuve derecho a una parte de sus propiedades, como él había convenido conforme a la ley.

Así habló Arkad, y cuando acabó de contar su historia, uno de los amigos dijo:

—Tuviste una gran suerte de que Algamish te hiciera su heredero.

—Solamente tuve la gran suerte de querer prosperar antes de encontrarlo. ¿Acaso no demostré durante cuatro años mi determinación al guardar una décima parte de lo que ganaba? ¿Dirías que tiene suerte el pescador que pasa largos años estudiando el comportamiento de los peces y consigue atraparlos gracias a un cambio del viento, tirando sus redes justo en el momento preciso? La oportunidad es una diosa arrogante que no pierde el tiempo con los que no están preparados.

—Demostraste tu gran voluntad cuando continuaste después de haber perdido los ahorros de tu primer año. ¡Fuiste extraordinario! –exclamó otro.

—¡Voluntad! –replicó Arkad–. ¡Qué absurdo! ¿Creéis que la voluntad da al hombre la fuerza para levantar un fardo que no puede transportar un camello o que no puede tirar un buey? La voluntad no es más que la firme determinación de llevar a cabo el trabajo que uno se ha impuesto.

»Cuando yo me impongo un trabajo, por pequeño que sea, lo acabo. De otro modo, ¿cómo podría confiar en mí mismo para realizar trabajos importantes? Si me propongo que durante cien días, cada vez que pase por el puente que lleva a la ciudad cogeré una piedra y la tiraré al río, lo haré. Si el séptimo día paso sin acordarme, no me digo que ya pasaré al día siguiente, tiraré dos piedras y será lo mismo. En vez de eso, daré la vuelta y tiraré la piedra al río. El vigésimo día no me diré que todo esto es inútil ni me preguntaré de qué sirve tirar piedras al río cada día. "Podrías tirar un puñado de piedras y habrías acabado todo". No, no diré eso ni lo haré; cuando me impongo un trabajo, lo hago, de modo que procuro no comenzar trabajos difíciles o imposibles porque me gusta tener tiempo libre.

Entonces, otro de los amigos elevó la voz.

—Si lo que dices es cierto –dijo–, y si, como tú has dicho, es razonable, entonces todos los hombres podrían hacerlo, y si todos lo hicieran, no habría suficiente riqueza para todo el mundo.

—La riqueza aumenta cada vez que los hombres gastan sus energías –respondió Arkad–. Si un hombre rico se construye un nuevo palacio, ¿se pierde el oro con el que paga? No, el fabricante de ladrillos tiene una parte, el trabajador otra, el artista la suya. Todos los que trabajan en la construcción del palacio reciben una parte. Y cuando el palacio está terminado, ¿acaso no tiene el valor de lo que ha costado? ¿Y el terreno sobre el que está construido no adquiere por este hecho más valor? La riqueza crece de manera mágica. Ningún hombre puede predecir su límite. ¿Acaso no han levantado los fenicios grandes ciudades en áridas costas gracias a las riquezas traídas por sus barcos mercantes?

—¿Qué nos aconsejas para que nosotros también nos hagamos ricos? –preguntó uno de los amigos–. Los años han ido pasando, ya no somos jóvenes y no tenemos dinero para ahorrar.

—Os recomiendo que pongáis en práctica los sabios principios de Algamish y os digáis: *una parte de todo lo que gano me revierte y la he de conservar.* Decíoslo cuando os levantéis, decíoslo al mediodía, decíoslo por la tarde, decíoslo cada hora de cada día. Repetidlo hasta que estas palabras resalten como letras de fuego en el cielo.

»Impregnaos de esa idea. Llenaos de ese pensamiento. Tomad la porción que os parezca prudente de lo que ganáis, que no sea menos de la décima parte, y conservadla. Organizad vuestros gastos en consecuencia. Pero lo primero es guardar esa parte. Pronto conoceréis la agradable sensación de poseer un tesoro que sólo os pertenece a vosotros, que a medida que aumenta, os estimula. Un nuevo placer de vivir os animará. Si hacéis mayores esfuerzos, obtendréis más. Si vuestros beneficios crecen, aunque el porcentaje sea el mismo, vuestras ganancias serán mayores, ¿no?

»Cuando lleguéis a este punto, aprended a hacer que vuestro oro trabaje para vosotros, convertidlo en vuestro esclavo.

Lograd que sus hijos y los hijos de sus hijos trabajen para vosotros. Aseguraos una renta para el futuro; mirad a los ancianos y no olvidéis que vosotros seréis uno de ellos. Invertid vuestro patrimonio con la mayor prudencia para no perderlo. Los intereses de los usureros son irresistibles cantos de sirena que atraen a los imprudentes hacia las rocas de la perdición y el remordimiento.

»Vigilad que cuando los dioses os llamen a su reino, vuestra familia no pase necesidad. Para asegurarle esa protección, siempre se puede ir desembolsando pequeñas cantidades a intervalos regulares. El hombre prudente no confía en recibir una gran suma de dinero si no la ha visto antes.

»Consultad a las personas sabias. Buscad el consejo de quienes manejan dinero todos los días. Permitid que os ahorren errores como el que yo cometí al confiar mi dinero al juicio de Azmur, el fabricante de ladrillos. Es preferible un pequeño interés seguro a un gran riesgo.

»Aprovechad la vida mientras estáis en este mundo, no pretendáis ahorrar demasiado. Si la décima parte de lo que ganáis es una cantidad razonable que podéis guardar, contentaos con esa porción. A parte de eso, vivid de manera conforme con vuestros ingresos y no os volváis roñosos ni tengáis miedo de gastar. La vida es bella y está llena de cosas buenas que podéis disfrutar.

Tras decir esto, sus amigos le dieron las gracias y se fueron. Algunos permanecían silenciosos porque no tenían imaginación y no podían comprender, otros sentían rencor porque pensaban que alguien tan rico habría podido compartir su dinero con ellos, pero algunos tenían un nuevo brillo en los ojos. Habían comprendido que Algamish volvió a la sala de los escribas para mirar atentamente a un hombre que se estaba trazando un camino hacia la luz. Una vez hubiera encontrado la luz, ya tendría una posición. Sabían que nadie podía ocupar ese lugar sin antes haber llegado a comprender todo esto por sí mismo y sin estar dispuesto a aprovechar la ocasión cuando se presentara.

Éstos últimos fueron los que durante los años siguientes visitaron asiduamente a Arkad, quien los recibía con alegría. Les aconsejó y les dio su sabiduría de modo gratuito, como siempre les gusta hacer a los hombres de gran experiencia. Les ayudó a invertir sus ahorros de modo que les dieran un interés seguro y no fueran malgastados en arriesgadas inversiones que no habrían dado ningún beneficio.

El día que tomaron conciencia de la verdad que había sido trasmitida de Algamish a Arkad y de Arkad a ellos fue un hito en sus vidas.

UNA PARTE DE LO QUE GANÁIS REVIERTE EN VOSOTROS, CONSERVADLA

3. Las siete maneras de llenar una bolsa vacía

La gloria de Babilonia perdura. A través de los siglos, ha conservado la reputación de haber sido una de las ciudades más ricas y con los tesoros más fabulosos.

Sin embargo, no siempre fue así. Las riquezas de Babilonia son el resultado de la sabiduría de sus habitantes, que primero tuvieron que aprender la manera de hacerse ricos.

Cuando el buen rey Sargón regresó a Babilonia después de vencer a sus enemigos los elamitas, se encontró ante una situación grave; el canciller real le explicó las razones de ello:

—Tras varios años de gran prosperidad que nuestro pueblo debe a Su Majestad, que ha construido grandes canales de riego y grandes templos para los dioses, ahora que las obras se han acabado, el pueblo parece no poder cubrir sus necesidades.

»Los obreros no tienen trabajo, los comerciantes tienen escasos clientes, los agricultores no pueden vender sus productos, el pueblo no tiene oro suficiente para comprar comida.

—Pero ¿a dónde ha ido todo el dinero que hemos gastado en esas mejoras? –preguntó el rey.

—Me temo mucho que ha ido a parar a manos de algunos pocos hombres muy ricos de nuestra ciudad –respondió el canciller–. Ha pasado entre los dedos de la mayoría de nuestras gentes tan rápido como la leche de cabra pasa por el colador. Ahora que la fuente de oro ha dejado de surtir, una gran parte de nuestros ciudadanos vuelve a no poseer nada.

—¿Por qué tan pocos hombres pudieron conseguir todo el oro? –preguntó el rey después de quedarse pensativo durante unos instantes.

—Porque sabían cómo hacerlo –respondió el canciller–. No se puede condenar a un hombre porque logra el éxito; tampoco se puede, siendo justos, arrebatarle el dinero que ha ganado honradamente para dárselo a los que no han sido capaces de hacer lo mismo.

—Pero ¿por qué no pueden todos los hombres aprender a hacer fortuna y así hacerse ricos?

—Vuestra pregunta contiene su propia respuesta, Majestad, ¿quién posee la mayor fortuna de la ciudad de Babilonia?

—Es cierto, mi buen canciller, la tiene Arkad. Es el hombre más rico de Babilonia; tráemelo mañana.

Al día siguiente, como había ordenado el rey, se presentó ante él Arkad, bien derecho y con la mente despierta a pesar de su edad avanzada.

—¿Poseías algo cuando empezaste?

—Sólo un gran deseo de riqueza. Aparte de eso, nada.

—Arkad –continuó el rey–, nuestra ciudad se encuentra en una situación muy delicada porque son pocos los hombres que conocen la manera de adquirir riquezas. Esos babilonios monopolizan el dinero mientras la mayoría de los ciudadanos no sabe cómo actuar para conservar una parte del oro que recibe en pago.

»Deseo que Babilonia sea la ciudad más rica del mundo, y eso significa que debe haber muchos hombres ricos. Tenemos que enseñar a toda la población cómo puede conseguir riquezas. Dime, Arkad, ¿existe un secreto para hacerlo? ¿Puede ser transmitido?

—Es una cuestión práctica, Vuestra Majestad. Todo lo que sabe un hombre puede ser enseñado.

—Arkad –los ojos del rey brillaban–, has dicho justamente las palabras que deseaba oír. ¿Te ofrecerías para esa gran causa? ¿Enseñarías tu ciencia a un grupo de maestros? Cada uno de ellos podría enseñar a otros hasta que hubiera un número suficiente de educadores para instruir a todos los súbditos capacitados de mi reino.

—Soy vuestro humilde servidor –dijo Arkad con una reverencia–. Compartiré gustoso toda la ciencia que pueda poseer por el bienestar de mis conciudadanos y la gloria de mi rey. Haced que vuestro buen canciller me organice una clase de cien hombres y yo les enseñaré las siete maneras que han permitido que mi fortuna floreciera cuando no había en Babilonia bolsa más vacía que la mía.

Dos semanas más tarde, las cien personas elegidas estaban en la gran sala del Templo del Conocimiento del rey, sentados en coloreadas alfombras y formando un semicírculo. Arkad se sentó junto a un pequeño taburete en el que humeaba una lámpara sagrada que desprendía un olor extraño y agradable.

—Mira al hombre más rico de Babilonia –susurró un alumno al oído de su vecino cuando se levantó Arkad–, no es diferente de nosotros.

—Como leal súbdito de nuestro rey –empezó Arkad–, me encuentro ante vosotros para servirle. Me ha pedido que os transmita mi saber, ya que yo fui, en un tiempo, un joven pobre que deseaba ardientemente poseer riquezas y encontré el modo de conseguirlas.

»Empecé de la manera más humilde, no tenía más dinero que vosotros para gozar plenamente de la vida, ni más que la mayoría de los ciudadanos de Babilonia.

»El primer lugar donde guardé mis tesoros era una vieja bolsa. Detestaba verla así, vacía e inútil. Deseaba que estuviera abultada y llena, que el oro sonara en ella. Por eso me esforcé por encontrar la manera de llenar una bolsa y di con siete maneras de llenarla.

»Os explicaré, a vosotros que os habéis reunido ante mí, estas siete maneras que recomiendo a todos los hombres que quieran conseguir mucho dinero. Cada día os explicaré una de las siete, y así durante siete días.

»Escuchad atentamente la ciencia que os voy a comunicar; debatid las cuestiones conmigo, discutidlas entre vosotros. Aprended estas lecciones a fondo para que sean la semilla de una riqueza que hará florecer vuestro patrimonio. Cada uno debe comenzar a construir sabiamente su fortuna; cuando ya seáis competentes, y sólo entonces, enseñaréis estas verdades a otros.

»Os mostraré maneras sencillas de llenar vuestra bolsa. Éste es el primer paso que os llevará al templo de la riqueza, ningún hombre puede llegar a él si antes no pone firmemente sus pies en el primer escalón.

»Hoy nos dedicaremos a reflexionar sobre la primera manera.

La primera manera.
Empezad a llenar vuestra bolsa

Arkad se dirigió a un hombre que lo escuchaba atentamente desde la segunda fila:

—Mi buen amigo, ¿a qué te dedicas?

—Soy escriba –respondió el hombre–, grabo documentos en tablillas de barro.

—Yo gané las primeras monedas haciendo el mismo trabajo, de modo que tienes las mismas oportunidades de amasar una fortuna que yo.

Después habló a un hombre de rostro moreno que se encontraba más atrás:

—Dime, por favor, con qué trabajo te ganas el pan.

—Soy carnicero –respondió el hombre–. Compro cabras a los granjeros y las sacrifico, vendo la carne a las mujeres y la piel a los fabricantes de sandalias.

—Dado que tienes un trabajo y un salario, tienes las mismas armas que tuve yo para triunfar.

Del mismo modo, Arkad preguntó a todos cómo se ganaban la vida.

—Ya veis, queridos alumnos –dijo cuando hubo terminado de hacer preguntas–, que hay varios trabajos y oficios que permiten al hombre ganar dinero. Cada uno de ellos es un filón de oro del que el trabajador puede obtener una parte para su propia bolsa gracias a su esfuerzo. Podemos decir que la fortuna es un río de monedas de plata, grandes o pequeñas según vuestra habilidad. ¿No es así?

Todos estuvieron de acuerdo.

—Entonces –continuó Arkad–, si uno de vosotros desea acumular su propio tesoro, ¿no sería sensato empezar usando esta fuente de riqueza que ya conocemos?

También todos estuvieron de acuerdo.

En ese momento, Arkad se volvió hacia un hombre humilde que había declarado ser vendedor de huevos.

—¿Qué pasará si tomas una de vuestras cestas y todas las mañanas colocas en ella diez huevos y por la noche sacas nueve?

—Que al final rebosarán.

—¿Por qué?

—Porque cada día pongo uno más de los que quito.

Arkad se volvió hacia toda la clase sonriendo.

—¿Hay alguien aquí que tenga la bolsa vacía? –preguntó.

Los hombres se miraron divertidos, rieron y finalmente sacudieron sus bolsas bromeando.

—Bien –continuó Arkad–. Ahora conoceréis el primer método para llenar los bolsillos. Haced justamente lo que he sugerido al vendedor de huevos: *De cada diez monedas que ganéis y guardéis en vuestra bolsa, retirad sólo nueve para gastar. Vuestra bolsa empezará a abultarse rápidamente, aumentará de peso con las monedas y sentiréis una agradable sensación cuando la sopeséis. Esto os producirá una satisfacción personal.*

»No os burléis de lo que os digo porque os parezca simple. La verdad siempre lo es. Ya os he dicho que os iba a contar cómo amasé mi fortuna. Así fueron mis comienzos, yo también he tenido la bolsa vacía y la he maldecido porque no contenía nada con lo que pudiera satisfacer mis deseos, pero cuando empecé a sacar sólo nueve de cada diez monedas que metía, empezó a abultarse. Lo mismo le ocurrirá a la vuestra.

»Os diré una extraña verdad cuyo principio desconozco. Cuando empecé a gastar sólo las nueve décimas partes de lo que ganaba, me arreglé igual de bien que cuando lo gastaba todo. No tenía menos dinero que antes. Además, con el tiempo, obtenía dinero con más facilidad. Seguramente sea una ley de los dioses que hace que para los que no gastan todo lo que ganan y guardan una parte, es más fácil conseguir dinero, del mismo modo que el oro no va a parar a manos de quien tiene los bolsillos vacíos.

»¿Qué deseáis con más fuerza? ¿Satisfacer los deseos de cada día, joyas, muebles, mejores ropas, más comida, es decir, cosas que desaparecen y olvidamos fácilmente, o bienes importantes como el oro, las tierras, los rebaños, las mercancías, los beneficios de las inversiones...? Las monedas que sacáis de vuestras bolsas os darán los primeros bienes que os he enumerado; las que guardáis, los segundos.

»Éste es, queridos estudiantes, el primer medio que he descubierto para llenar una bolsa vacía: *de cada diez monedas que ganéis, gastad sólo nueve.* Discutidlo entre vosotros. Si alguno puede probar que no es cierto, que lo diga mañana cuando nos volvamos a encontrar.

La segunda manera. Controlad vuestros gastos

—Algunos de vosotros me habéis preguntado lo siguiente: "¿Cómo puede un hombre guardar la décima parte de lo que gana cuando ni las diez décimas partes son suficientes para cubrir sus necesidades más apremiantes?" –preguntó Arkad a los estudiantes el segundo día–. ¿Cuántos de vosotros teníais ayer una fortuna más bien escasa?

—Todos –respondieron los alumnos.

—Y sin embargo no ganáis todos lo mismo. Unos ganan mucho más que otros y algunos tienen familias más numerosas que alimentar. Y, en cambio, todas las bolsas estaban igual de vacías. Os diré una verdad que concierne a los hombres y también a sus hijos: los gastos que llamamos obligatorios siempre crecen en proporción a nuestros ingresos si no hacemos algo para evitarlo.

»No confundáis vuestros gastos obligatorios con vuestros deseos. Todos vosotros y vuestras familias tenéis más deseos de los que podéis satisfacer. Usáis vuestro dinero para cumplir, dentro de unos límites, estos deseos, pero todavía os quedan muchos sin cumplir.

»Todos los hombres se preocupan porque tienen más deseos de los que pueden realizar. ¿Acaso creéis que gracias a mi riqueza yo puedo satisfacerlos todos? Es una idea falsa. Mi tiempo es limitado, mis fuerzas son limitadas, las distancias que puedo recorrer son limitadas, lo que puedo comer, los placeres que puedo sentir son limitados.

»Os digo esto para que comprendáis que los deseos germinan libremente en el espíritu del hombre cada vez que hay una posibilidad de satisfacerlos de la misma manera que las malas hierbas crecen en el campo cuando el labrador les deja un espacio. Los deseos son muchos, pero los que pueden ser satisfechos, pocos.

»Estudiad atentamente vuestros hábitos de vida. Descubriréis que la mayoría de las necesidades que consideráis como básicas pueden ser reducidas o eliminadas. Que vuestro lema sea apreciar al cien por cien el valor de cada moneda que gastéis.

»Escribid en una tablilla todas las cosas en las que gastéis dinero. Elegid los gastos que son obligatorios y los que podéis pagar con los nueve décimos de vuestros ingresos. Olvidad el resto y consideradlo sin pesar como parte de la multitud de deseos que deben quedar sin satisfacción.

»Estableced una lista de gastos obligatorios. No toquéis la décima parte destinada a engrosar vuestra bolsa, haced que sea vuestro gran deseo y que se vaya cumpliendo poco a poco. Continuad trabajando según el presupuesto, seguid ajustándolo según vuestras necesidades. Que el presupuesto sea vuestro primer instrumento en el control de los gastos de vuestra creciente fortuna. Entonces, uno de los estudiantes vestido con una túnica roja y dorada se levantó.

—Soy un hombre libre –dijo–. Creo que tengo derecho a gozar de las cosas buenas de la vida. Me rebelo contra la esclavitud de un presupuesto que fija la cantidad exacta de lo que puedo gastar y en qué. Me parece que eso me impedirá gozar de muchos de los placeres de la vida y me hará tan pequeño como un asno que lleva un pesado fardo.

—¿Quién, amigo mío, decidirá tu presupuesto? –replicó Arkad.

—Yo mismo lo haré –protestó el joven.

—En el caso de que un asno decidiera su carga, ¿tú crees que incluiría joyas, alfombras y pesados lingotes de oro? No lo creo; pondría heno, grano y una piel llena de agua para el camino por el desierto.

»El objetivo del presupuesto es ayudar a aumentar vuestra fortuna; os ayudará a procuraros los bienes necesarios y, en cierta medida, a satisfacer parte de los otros, y os hará capaces de cumplir vuestros mayores deseos defendiéndolos de los caprichos insignificantes. Como la luz brillante en una cueva oscura, el presupuesto os muestra los agujeros de vuestra bolsa y os permite taparlos y controlar los gastos en función de metas definidas y más satisfactorias.

»Ésta es la segunda manera de conseguir dinero. *Presupuestad los gastos de modo que, sin gastar más de nueve décimos de vuestros ingresos, siempre tengáis dinero para pagar los que son inevitables, vuestras distracciones y los deseos aceptables.*

La tercera manera.
Haced que vuestro oro fructifique

Así habló Arkad a sus alumnos el tercer día:

—Supongamos que habéis acumulado una gran fortuna. Que os habéis disciplinado para reservar una décima parte de vuestras ganancias y que habéis controlado vuestros gastos para proteger vuestro tesoro creciente. Ahora veremos el modo de hacer que vuestra riqueza aumente. El oro guardado dentro de una bolsa contenta al que lo posee y satisface el alma del avaro, pero no produce nada. La parte de nuestras ganancias que conservamos no es más que el principio y lo que nos produzca después es lo que amasará nuestras fortunas.

»¿Cómo podemos hacer que nuestro oro trabaje? La primera vez que invertí dinero, tuve mala suerte porque lo perdí todo. Luego os lo contaré. La primera inversión provechosa que realicé fue un préstamo que hice a un hombre llamado Agar, un fabricante de escudos. Una vez al año compraba pesados cargamentos de bronce importados de mares lejanos y que luego utilizaba para fabricar armas. Como carecía de capital suficiente para pagar a los mercaderes, lo pedía a los que les sobraba dinero. Era un hombre honrado, así que devolvía los préstamos con intereses cuando vendía los escudos.

»Cada vez que le prestaba dinero, también le prestaba el interés que me había pagado. Entonces, no sólo aumentaba el capital, sino también los intereses. Me satisfacía mucho ver cómo estas cantidades volvían a mi bolsa.

»Queridos estudiantes, os digo que la riqueza de un hombre no está en las monedas que transporta en la bolsa, sino en la fortuna que amasa, el arroyo que fluye continuamente hacia su bolsa y la va engordando. Es lo que todo hombre quiere.

Lo que cualquiera de vosotros desea: una fuente de ingresos que siga produciendo, estéis trabajando o de viaje.

»He adquirido una gran fortuna, tan grande que se dice que soy muy rico. Los préstamos que le hice a Agar fueron mi primera experiencia en el arte de invertir de forma beneficiosa. Después de esa buena experiencia, aumenté mis préstamos e inversiones a medida que incrementaba mi capital. Cada vez había más fuentes que alimentaban el manantial de oro que fluía hacia mi bolsa y que podía utilizar sabiamente como quisiera.

»Y he aquí que mis humildes ganancias habían engendrado un montón de esclavos que trabajaban y ganaban más oro. Trabajaban para mí igual que sus hijos y los hijos de sus hijos, hasta que, gracias a sus enormes esfuerzos reuní una fortuna considerable.

»El oro se amasa rápidamente cuando produce unos ingresos importantes como observaréis en la siguiente historia: un granjero llevó diez monedas de oro a un prestamista cuando nació su primer hijo y le pidió que las prestara hasta que el hijo tuviera veinte años. El prestamista hizo lo que se le pedía y estableció un interés igual a un cuarto de la cantidad cada cuatro años. El granjero le pidió que añadiera el interés al capital porque había reservado el dinero enteramente para su hijo.

»Cuando el chico cumplió veinte años, el granjero acudió a casa del prestamista para preguntar sobre el dinero. El prestamista le explicó que las diez monedas de oro ahora tenían un valor de treinta y una monedas porque gracias al interés compuesto, la cantidad de partida se había acrecentado.

»El granjero estaba muy contento y como su hijo no necesitaba el dinero, lo dejó al prestamista. Cuando el hijo tenía cincuenta años y el padre ya había muerto, el prestamista devolvió al hijo ciento sesenta y siete monedas.

»Es decir que en cincuenta años, el dinero se había multiplicado aproximadamente por diecisiete.

»Ésta es la tercera manera de llenar la bolsa: hacer producir cada moneda para que se parezca a la imagen de los rebaños en el campo y para que ayude a hacer de vuestros ingresos el manantial de la riqueza que alimentará constantemente vuestra fortuna.

La cuarta manera.
Proteged vuestros tesoros de cualquier pérdida

El cuarto día, dijo Arkad a sus alumnos:

—La mala suerte es un círculo brillante. El oro que contiene una bolsa debe guardarse herméticamente. Si no, desaparece. Es bueno guardar en lugar seguro las sumas pequeñas y aprender a protegerlas antes de que los dioses nos confíen cantidades más grandes.

»Quien posea oro se verá tentado en muchas ocasiones de invertir en cualquier proyecto atractivo. A veces hay amigos o familiares impacientes que invierten dinero, hecho que nos puede influir.

»El primer principio de la inversión consiste en asegurar vuestro capital. ¿Acaso es razonable cegarse por las grandes ganancias si se corre el riesgo de perder el capital? Yo diría que no. El castigo por correr este riesgo es una posible pérdida. Estudiad minuciosamente la situación antes de separaros de vuestro tesoro y cercioraos de que podréis reclamarlo con toda seguridad. No os dejéis arrastrar por los deseos románticos de hacer fortuna rápidamente.

»Antes de prestar vuestro oro a cualquiera, aseguraos de que el deudor os podrá devolver el dinero y de que goza de buena reputación. No le hagáis, sin saberlo, un regalo: el tesoro que tanto os ha costado reunir.

»Antes de invertir vuestro dinero en cualquier campo, sed conscientes de los peligros que pueden presentarse.

»Mi primera inversión, en aquel momento, fue una tragedia para mí. Confié mis ahorros de un año a un fabricante de ladrillos que se llamaba Azmur, que viajaba por los mares lejanos y por Tiro, y que aceptó comprarme unas extrañas joyas fenicias. Teníamos que vender esas joyas a su vuelta y repartirnos los beneficios. Los fenicios fueron unos canallas y le vendieron piezas de vidrio coloreado. Perdí mi tesoro. Hoy, esa experiencia impediría que confiara la compra de joyas a un fabricante de ladrillos.

»Así que os aconsejo, con conocimiento y experiencia, que no confiéis demasiado en vuestra inteligencia y no expongáis vuestros tesoros a posibles trampas de inversión. Es mejor hacer caso a los expertos en el manejo del dinero para hacer que éste produzca. Estos consejos son gratuitos y pueden adquirir rápidamente el mismo valor en oro que la cantidad que se quería invertir. En verdad, ése es su valor real si os salva de las pérdidas.

»Ésta es la cuarta manera de incrementar vuestra bolsa y es de gran importancia si evita que se vacíe después de llenarse. Proteged vuestro tesoro contra las pérdidas e invertid solamente donde vuestro capital esté seguro o donde podáis reclamarlo cuando así lo deseéis y nunca dejaréis de recibir el interés que os conviene. Consultad a personas sabias. Pedid consejo a quienes tienen experiencia en la gestión rentable del oro y dejad que su sabiduría proteja vuestro tesoro de inversiones dudosas.

La quinta manera. Haced que vuestra propiedad sea una inversión rentable

Así habló Arkad a su clase en la quinta lección:

—Si un hombre reserva una novena parte de las ganancias que le permiten vivir y disfrutar de la vida y una de estas nueve partes puede convertirse en una inversión rentable sin perjudicarle, entonces sus tesoros crecerán con mayor rapidez.

»Muchos babilonios educan a su familia en barrios de mala reputación. Los propietarios son muy exigentes y cobran unos alquileres muy altos por las habitaciones. Las mujeres no tienen espacio para cultivar las flores que alegran su corazón y el único lugar donde los hijos pueden jugar es en los sucios senderos.

»La familia de un hombre no puede disfrutar plenamente de la vida a no ser que posea un terreno en el que los niños puedan jugar y en el cual la mujer pueda cultivar, además de flores, sabrosas hierbas para perfumar la comida de su familia.

»El corazón del hombre se llena de alegría si puede comer higos de sus árboles y racimos de uvas de sus viñas. Si posee una casa en un barrio que lo enorgullezca, eso le infunde confianza y le anima a terminar todas sus tareas. También recomiendo que todo hombre tenga un techo que lo proteja tanto a él como a los suyos.

»Cualquier hombre bienintencionado puede poseer una casa. ¿Acaso nuestro rey no ha ensanchado las murallas de Babilonia para que pudiéramos comprar por una cantidad razonable muchas tierras inservibles?

»Queridos estudiantes, os digo que los prestamistas tienen en muy buen concepto a los hombres que buscan casa y tierras para su familia. En el caso de que dispongáis de buena parte de la cantidad necesaria para ello, podéis pedir dinero prestado sin dilación si es con el fin loable de pagar al fabricante de ladrillos o al carpintero.

»Después, cuando hayáis construido la casa, podréis pagar al prestamista regularmente igual que hacéis con el alquiler. En unos cuantos años, habréis devuelto el préstamo porque cada pago que efectuéis reducirá la deuda del prestamista.

»Y os alegraréis, tendréis una propiedad en todo derecho y lo único que pagaréis serán las tasas reales.

»Y vuestra buena mujer irá al río con más frecuencia para lavar vuestras ropas y cada vez os traerá una piel de cabra llena de agua para regar las plantas.

»Y el hombre que posea casa propia será bendecido. Los gastos de su vida se reducirán mucho y eso hará que pueda destinar gran parte de sus ganancias a los placeres y a satisfacer sus deseos. Ésta es la quinta manera de llenarse la bolsa: poseer una casa propia.

La sexta manera. Aseguraos unos ingresos para el futuro

Así se dirigió Arkad a sus alumnos el sexto día:

—La vida de cada persona va de la infancia a la vejez. Éste es el camino de la vida y ningún hombre puede desviarse a menos que los dioses lo llamen prematuramente al más allá. Por este motivo declaro: *El hombre es quien debe prever unos ingresos adecuados para su vejez y quien debe preparar a su familia para que cuando él ya no esté con ellos, pueda reconfortarlos y satisfacer sus necesidades.* Esta lección os enseñará a llenar la bolsa en los momentos en que ya no sea tan fácil para vosotros aprender.

»El hombre que comprende las leyes de la riqueza y de este modo obtiene un excedente cada vez mayor tendría que pensar en su futuro próximo. Debería planificar algunos ingresos o ahorrar un dinero que le dure muchos años y del que pueda disponer cuando sea el momento.

»Hay distintas formas para que un hombre se procure lo necesario para su futuro. Puede buscar un escondrijo y enterrar un tesoro secreto, pero aunque lo oculte muy hábilmente, este dinero puede convertirse en el botín de los ladrones. Por este motivo, no lo recomiendo.

»Puede comprar casas y tierras con ese fin. Si las escoge juiciosamente en función de su utilidad y de su precio futuro, tendrán un valor que se acrecentará y sus beneficios y su venta le recompensarán según los objetivos que se haya fijado.

»También podría prestar una pequeña suma de dinero al prestamista y aumentarla a intervalos regulares. Los intereses que el prestamista añada contribuirán ampliamente a aumentar el capital. Conozco a un fabricante de sandalias llamado Ausan que me explicó, no hace mucho tiempo, que cada semana, durante ocho años, llevó al prestamista dos monedas. Ahora el prestamista le acaba de entregar un estado de cuentas que le ha alegrado mucho. El total de su depósito junto con el interés a una tasa actual de un cuarto de su valor cada cuatro años le ha producido cuarenta monedas.

»Le he animado a continuar, demostrándole, gracias a mis conocimientos matemáticos, que dentro de doce años sólo depositando semanalmente dos monedas, obtendrá cuatro mil monedas con las que podrá sobrevivir el resto de sus días.

»Seguro que si una aportación regular produce resultados tan provechosos, *ningún hombre se puede permitir no asegurarse un tesoro para su vejez y la protección de su familia, sin importar hasta qué punto son prósperos sus negocios e inversiones actuales.*

»Incluso diría más. Creo que algún día habrá hombres que inventarán un plan para protegerse contra la muerte; los hombres sólo pagarán una cantidad mínima regularmente y el importe total constituirá una suma importante que la familia del finado recibirá. Me parece que esto es muy aconsejable y lo recomiendo con vehemencia. Actualmente no es posible porque tiene que continuar más allá de la vida de un hombre o de una asociación para funcionar de forma correcta. Tiene que ser tan estable como el trono real. Creo que algún día existirá un plan como éste y será una gran bendición para muchos hombres porque hasta el primer pequeño pago pondrá a su disposición una cantidad razonable para la familia del miembro fallecido.

»Como vivimos en el presente y no en los días venideros, tenemos que aprovecharnos de los medios y los métodos actuales para llevar a cabo nuestros propósitos. Por ello, recomiendo a todos los hombres que acumulen bienes de forma sensata y meditada para cuando sean viejos, pues la desgracia de un hombre incapaz de trabajar para ganarse la vida o de una familia sin cabeza de familia es una tragedia dolorosa.

»Ésta es la sexta manera de llenarse la bolsa: *preved los ingresos para los días venideros y asegurad así la protección de vuestra familia.*

La séptima manera.
Aumentad vuestra habilidad para adquirir bienes

Arkad dijo a sus alumnos el séptimo día:

—Queridos estudiantes, hoy voy a hablaros de una de las maneras más importantes de amasar una fortuna. Pero no os hablaré del oro, sino de vosotros, los hombres de vistosas ropas que estáis sentados frente a mí. Voy a hablaros de las cosas de la mente y de la vida de los hombres que trabajan a favor o en contra de su éxito.

»No hace mucho tiempo, un joven que buscaba a alguien que le prestara dinero me vino a ver. Cuando le pregunté sobre sus necesidades, se quejó de que sus ingresos eran insuficientes para cubrir sus gastos. Le expliqué que en tal caso era un mal cliente para el prestamista porque no podría devolver el préstamo. "Lo que necesitas, muchacho", le dije, "es ganar más dinero. ¿Qué podrías hacer para aumentar tus ingresos?".

»"Todo lo que pueda", respondió. "He intentado hablar con mi patrón seis veces durante dos lunas para pedirle un aumento, pero no lo he conseguido. No puedo hacer más".

»Su simpleza me hacía reír, pero poseía una gran voluntad de aumentar sus ganancias. Tenía un justo y gran deseo de ganar más dinero.

»*El deseo debe preceder a la realización. Vuestros deseos tienen que ser fuertes y bien definidos.* Los deseos vagos no son más que débiles anhelos. Para un hombre, desear ser rico es poco útil, pero si un hombre desea cinco monedas de oro, se ve empujado por un deseo tangible que tiene que culminar con urgencia. Una vez que ha aumentado su deseo de guardar en lugar seguro cinco monedas de oro, encontrará el modo de obtener diez monedas, luego veinte y más tarde mil; y de pronto se hará rico. Al aprender a asegurarse un pequeño deseo bien definido, se ha entrenado para poder plantearse otro más grande; así es como se construyen las fortunas. Se empieza con cantidades pequeñas y luego se pasa a cantidades más importantes. De este modo, el hombre aprende y se hace más hábil.

»Los deseos tienen que ser pequeños y bien definidos. Si son demasiado numerosos, demasiado confusos o están por encima de las capacidades del hombre que quiere llevarlos a cabo, harán que su objetivo no se cumpla.

»A medida que un hombre se perfecciona en su oficio, su remuneración aumenta. En otros tiempos, cuando era un pobre escriba que grababa en la arcilla por unas cuantas monedas al día, observé que otros trabajadores escribían más que yo y cobraban más. Entonces decidí que nadie iba a superarme. No tardé mucho tiempo en descubrir el motivo de su gran éxito. Puse más interés en mi trabajo, me concentré más, fui más perseverante y muy pronto pocos hombres podían grabar más tablillas que yo en un día. Poco tiempo después, tuve mi recompensa; no fue preciso ir a ver a mi patrón seis veces para pedirle un aumento.

»Cuantos más conocimientos adquiramos, más dinero ganaremos. El hombre que espera aprender mejor su oficio será recompensado con creces. Si es un artesano, puede intentar aprender los métodos y conocer las herramientas más perfeccionadas. Si trabaja en derecho o medicina, podrá consultar e intercambiar opiniones con sus colegas. Si es un mercader, siempre podrá buscar mercancías de mejor calidad que venderá a bajo precio.

»Los negocios cambian y prosperan porque los hombres perspicaces intentan mejorar para ser más útiles a sus superiores. Así que insto a todos a que progresen y no se queden sin hacer nada, a menos que quieran quedarse atrás.

»Hay muchas obligaciones que llenan la vida de un hombre de experiencias gratificantes. El hombre que se respeta a sí mismo debe realizar cosas como las siguientes:

»Debe pagar sus deudas lo más rápidamente posible y no debe comprar cosas que no pueda pagar.

»Debe cubrir las necesidades de su familia para que los suyos lo aprecien.

»Debe hacer un testamento para que cuando los dioses lo llamen, sus bienes sean repartidos justa y equitativamente.

»Debe ser compasivo con los enfermos o los desafortunados y ha de ayudarlos. Debe ser previsor y caritativo con los que quiere.

»Así que la séptima y última manera de hacer fortuna consiste en *cultivar las facultades intelectuales, estudiar, instruirse y actuar respetándose a sí mismo.* De este modo adquiriréis suficiente confianza en vosotros mismos para realizar los deseos que cuidadosamente habéis escogido.

»Éstas son las siete maneras de hacer fortuna, extraídas de una larga y próspera experiencia de la vida; las recomiendo a los que quieran ser ricos.

»Queridos estudiantes, hay más oro en la ciudad de Babilonia de lo que soñéis poseer. Hay oro en abundancia para todos.

»Id y poned en práctica estas verdades; prosperad y haceos ricos como os corresponde por derecho.

»Id y enseñad estas verdades a todos los súbditos honrados de Su Majestad que quieren repartirse las grandes riquezas de nuestra bienamada ciudad.

4. La diosa de la fortuna

Si un hombre tiene suerte, es imposible predecir el tamaño de su riqueza. Si lo lanzan al Éufrates, saldrá con una perla en la mano.

PROVERBIO BABILÓNICO

Todos las personas desean tener suerte, y ese deseo ha existido tanto en el corazón de los individuos de hace cuatro mil años como en los de nuestros días. Todos esperamos la gracia de la caprichosa diosa de la fortuna. ¿Existe alguna manera de poder obtener no sólo su atención, sino también su generosidad?

¿Hay algún modo de atraer la suerte?

Esto es precisamente lo que los habitantes de la antigua Babilonia querían saber y lo que decidieron descubrir. Eran clarividentes y grandes pensadores, lo que explica que su ciudad se convirtiera en la más rica y poderosa de su tiempo.

En aquella lejana época, no existían las escuelas. Sin embargo, sí que había un centro de aprendizaje muy práctico. Entre los edificios rodeados de torres de Babilonia, ese centro tenía tanta importancia como el palacio real, los jardines colgantes y los templos de los dioses. Ustedes pueden constatar que en los libros de historia este lugar aparece muy poco, probablemente nada, a pesar de que ejerciera una gran influencia en el pensamiento de aquel entonces.

Ese edificio era el Templo del Conocimiento. En él, profesores voluntarios explicaban la sabiduría del pasado y se discutían asuntos de interés popular en asamblea abierta. En su interior, todos los hombres eran iguales. El esclavo más insignificante podía rebatir impunemente las opiniones del príncipe del palacio real.

Uno de los hombres que frecuentaban el Templo del Conocimiento era Arkad, hombre sabio y opulento del que se decía que era el más rico de Babilonia. Existía una sala especial en la que se reunían, casi todas las tardes, un gran número de hombres, unos viejos y algunos jóvenes, pero la mayoría de edad madura, y discutían sobre temas interesantes. Imaginemos que escuchamos lo que decían para comprobar si sabían cómo atraer la buena suerte...

El sol acababa de ponerse como una gran bola de fuego brillante a través de la bruma del desierto polvoriento cuando Arkad se dirigió hacia su estrado habitual. Unos cuarenta hombres esperaban su llegada, tumbados en pequeñas alfombras colocadas sobre el suelo. Otros llegaban en ese momento.

—¿De qué vamos a hablar esta tarde? –preguntó Arkad.

Tras una breve indecisión, un hombre alto, un tejedor, se levantó, como era costumbre, y le dirigió la palabra.

—Me gustaría escuchar algunas opiniones sobre un asunto; sin embargo, no sé si formularlo porque temo que os pueda parecer ridículo, y a vosotros también, mis queridos amigos. –Apremiado por Arkad y los demás, continuó–: Hoy he tenido suerte, ya que he encontrado una bolsa que contenía unas monedas de oro. Me gustaría mucho seguir teniendo suerte y como creo que todos los hombres comparten conmigo este deseo, sugiero que hablemos ahora sobre cómo atraer la suerte para que, de ese modo, podamos descubrir las formas que existen de seducirla.

—Una propuesta realmente interesante –comentó Arkad–. Un tema muy válido. Para algunos, la suerte sólo llega por casualidad, como un accidente, y puede caer sobre alguien por azar. Otros creen que la creadora de la buena suerte es la benévola diosa Ishtar, siempre deseosa de recompensar a sus elegidos por medio de generosos presentes. ¿Qué decís vosotros, amigos? ¿Debemos intentar descubrir los medios de atraer la suerte y que seamos nosotros los afortunados?

—¡Sí! ¡Sí! Y todas las veces que sea necesario –dijeron los oyentes impacientes, que cada vez eran más numerosos.

—Para empezar –prosiguió Arkad–, escuchemos a todos los que se encuentren aquí que hayan tenido experiencias parecidas a la del tejedor, que hayan encontrado o recibido, sin esfuerzo por su parte, joyas o valiosos tesoros.

Durante un momento de silencio, todos se miraron esperando que alguien respondiera, pero nadie lo hizo.

—¡Qué! ¿Nadie? –dijo Arkad–. Entonces debe ser realmente raro tener esa suerte. ¿Quién quiere hacer una sugerencia sobre cómo continuar con nuestra investigación?

—Yo –contestó un hombre joven y bien vestido mientras se levantaba–. Cuando un hombre habla de suerte, ¿no es normal que piense en las salas de juego? ¿No es precisamente en esos lugares donde encontramos a hombres que pretenden los favores de la diosa y esperan que los bendiga para recibir grandes sumas de dinero?

—¡No te detengas! –gritó alguien al ver que el joven volvía a sentarse–. Sigue con tu historia. Dinos si la diosa te ha ayudado en las salas de juego. ¿Ha hecho que en los dados aparezca el rojo para que llenes tu bolsa, o ha permitido que salga la cara azul para que el crupier recoja tus monedas que tanto te ha costado ganar?

—No me importa admitir que ella no pareció darse cuenta de que yo estaba allí –contestó el joven sumándose a las risas de los demás–. ¿Y vos? ¿La encontrasteis esperando para hacer que los dados rodasen a vuestro favor? Estamos deseosos de escuchar y de aprender.

—Un buen principio –interrumpió Arkad–. Estamos aquí para examinar todos los aspectos de cada cuestión. Ignorar las salas de juego sería como olvidar un instinto común en casi todos los hombres: la tentación de arriesgar una pequeña cantidad de dinero esperando conseguir mucho.

—Eso me recuerda las carreras de caballos de ayer –gritó uno de los asistentes–. Si la diosa frecuenta las salas de juego, seguramente no dejará de lado las carreras, con esos carros dorados y caballos espumadores. Es un gran espectáculo. Decidnos sinceramente, Arkad, ¿ayer la diosa no os murmuró que apostarais a los caballos grises de Nínive? Yo estaba justo detrás de vos, y no daba crédito a mis oídos cuando os escuché apostar a los grises. Sabéis tan bien como nosotros que no existe ninguna yunta en toda Asiria que en una carrera honesta sea capaz de llegar antes a la meta que nuestras queridas yeguas.

»¿Acaso la diosa os dijo al oído que apostarais a los grises porque en la última curva el caballo negro del interior tropezaría y, de ese modo, molestaría a nuestras yeguas y provocaría que los grises ganaran la carrera y consiguieran una victoria que no habían merecido?

Arkad sonrió con indulgencia.

—¿Por qué pensamos que la diosa de la fortuna se interesaría por la apuesta de cualquiera en una carrera de caballos? Yo la veo como una diosa de amor y de dignidad a la que le gusta ayudar a los necesitados y recompensar a los que lo merecen. No la busco en las salas de juego ni en las carreras donde se pierde más oro del que se gana, sino en otros lugares donde las acciones de los hombres son más valiosas y merecen recibir una recompensa.

»Al labrador, al honrado comerciante y a los hombres de cualquier ocupación se les presentan ocasiones para sacar provecho tras el esfuerzo y las transacciones realizadas. Quizás el hombre no siempre reciba una recompensa, porque su juicio no sea el más adecuado o porque el tiempo y el viento a veces hacen fracasar los esfuerzos, pero si es persistente, normalmente puede esperar realizar un beneficio, pues tendrá mayores posibilidades de que el beneficio vaya hacia él.

»Pero si un hombre arriesga en el juego –continuó Arkad–, ocurre exactamente al revés, porque las posibilidades de ganar siempre favorecen al propietario del lugar. El juego está hecho para que el propietario que explota el negocio consiga ingresos. Es su comercio y prevé realizar grandes beneficios de las monedas que apuestan los jugadores. Pocos jugadores son conscientes de que sus posibilidades son inciertas, mientras que los beneficios del propietario están garantizados.

»Examinemos, por ejemplo, las apuestas a los dados. Cuando se lanzan, siempre apostamos sobre la cara que quedará a la vista. Si es la roja, el jefe de mesa nos paga cuatro veces lo que hemos apostado, pero si aparece una de las otras cinco caras, perdemos nuestra apuesta. Por lo tanto, los cálculos demuestran que por cada dado lanzado, tenemos cinco posibilidades de perder, pero, como el rojo paga cuatro por uno, tenemos cuatro posibilidades de ganar. En una noche, el jefe de mesa puede esperar guardar una moneda de cada cinco apostadas.

¿Se puede esperar ganar de otra forma que no sea ocasional cuando las posibilidades están organizadas para que el jugador pierda la quinta parte de lo que juega?

—Pero a veces hay hombres que ganan grandes sumas –dijo de forma espontánea uno de los asistentes.

—Es cierto, eso ocurre –continuó Arkad– . Me doy cuenta de ello, y me pregunto si el dinero que se gana de ese modo aporta beneficios permanentes a los que la fortuna les sonríe de esta manera. Conozco a muchos hombres de Babilonia que han triunfado en los negocios, pero soy incapaz de nombrar a uno sólo que haya triunfado recurriendo a esa fuente.

»Vosotros que esta tarde estáis reunidos aquí conocéis a muchos ciudadanos ricos. Sería interesante saber cuántos han conseguido su fortuna en las salas de juego. ¿Qué os parece si cada uno dice lo que sabe?

Se hizo un largo silencio.

—¿Se incluye a los dueños de las casas de juego? –aventuró uno de los presentes.

—Si no podéis pensar en nadie más –respondió Arkad–, si no se os ocurre ningún nombre, ¿por qué no habláis de vosotros mismos? ¿Hay alguno entre vosotros que gane regularmente en las apuestas y dude en aconsejar esta fuente de beneficios?

Entre las risas, se oyó que en la parte de atrás refunfuñaban algunos.

—Parece que nosotros no buscamos la suerte en estos lugares cuando la diosa los frecuenta –continuó Arkad–. Entonces exploremos otros lugares. Tampoco hemos encontrado sacos de monedas perdidos ni hemos visto a la diosa en las salas de juego. En cuanto a las carreras, debo confesaros que he perdido mucho más dinero del que he ganado.

»Ahora, analicemos detalladamente nuestras profesiones y nuestros negocios. ¿Acaso no es normal que cuando hacemos un buen negocio, no lo consideramos como algo fortuito, sino como la justa recompensa a nuestros esfuerzos? A veces pienso que ignoramos los presentes de la diosa. Quizás nos ayuda pero no apreciamos su generosidad. ¿Quién puede hablar del tema?

Dicho esto, un comerciante entrado en años se levantó alisando sus blancas vestimentas y explicó:

—Con vuestro permiso, honorable Arkad y mis queridos amigos, quiero haceros una sugerencia. Si, como habéis dicho, nosotros atribuimos nuestros éxitos profesionales a nuestra habilidad, a nuestra propia aplicación, ¿por qué no considerar los éxitos que casi hemos tenido, pero que se nos han escapado, como eventos que habrían sido muy provechosos? Habrían sido raros ejemplos de suerte si se hubieran realizado. No podemos considerarlos como recompensas justas porque no se han cumplido. Probablemente aquí hay hombres que pueden contar este tipo de experiencias.

—Ésta es una reflexión sabia –comentó Arkad–. ¿Quién de entre vosotros ha tenido la fortuna al alcance de la mano y la ha visto esfumarse de inmediato? Se alzaron varias manos, entre ellas, la del comerciante. Arkad le hizo un ademán para que hablara:

—Ya que has sido tú quien ha sugerido esta discusión, nos gustaría escucharte a ti en primer lugar.

—Con gusto os contaré un hecho que he vivido y que servirá de ilustración para demostrar hasta qué punto la suerte puede acercarse a un hombre y cómo éste puede dejar que se le escape de las manos a su pesar.

»Hace varios años, cuando era joven, estaba recién casado y empezaba a ganarme bien la vida, mi padre vino a verme y me indicó que tenía que hacer una inversión urgentemente. El hijo de uno de sus buenos amigos había descubierto una zona de tierra árida no lejos de las murallas de nuestra ciudad. Estaba situada más alta que el canal, por lo que allí no llegaba el agua.

»El hijo del amigo de mi padre ideó un plan para comprar esta tierra y construir en ella tres grandes ruedas que, accionadas por unos bueyes, consiguieran traer agua y dar vida al suelo infértil. Había planificado que una vez hubiera realizado eso, dividiría la tierra y vendería las partes a los ciudadanos para hacer jardines.

»El hijo del amigo de mi padre no poseía suficiente oro para llevar a cabo tal empresa. Era un hombre joven que ganaba un buen sueldo, como yo. Su padre, como el mío, era un hombre que dirigía una gran familia y con pocos medios. Por eso, decidió que un grupo de hombres se interesaran por su empresa. El grupo debía estar formado por doce personas con buenas ganancias y que decidieran invertir la décima parte de sus beneficios en el negocio hasta que la tierra estuviera lista para su venta. Entonces, todos compartirían de forma equitativa los beneficios según la inversión que hubieran realizado.

»"Hijo mío", me dijo mi padre, "ahora eres un hombre joven. Deseo profundamente que empieces a hacer adquisiciones que te permitan un cierto bienestar y el respeto de los demás. Deseo que puedas sacar provecho de mis errores pasados".

»"Eso me gustaría mucho, padre", contesté.

»"En ese caso, te aconsejo lo siguiente: haz lo que yo hubiera tenido que hacer a tu edad. Guarda la décima parte de tus beneficios para hacer inversiones. Con la décima parte de tus beneficios y lo que te proporcionarán, podrás, antes de tener mi edad, acumular una gran suma".

»"Padre, usted habla con sabiduría. Deseo fervientemente poseer riquezas, pero gasto mis ganancias en muchas cosas y no sé si hacer lo que me aconseja. Soy joven. Me queda mucho tiempo".

»"Yo pensaba del mismo modo a tu edad, pero ahora han pasado varios años y todavía no he empezado a acumular bienes".

»"Vivimos en una época diferente, padre. No cometeré los mismos errores que usted".

»"Se te presenta una oportunidad única, hijo mío. Es una oportunidad que puede hacerte rico. Te lo suplico, no tardes. Ve a ver mañana al hijo de mi amigo y cierra con él el trato de invertir en ese negocio el diez por ciento de lo que ganas. Ve sin dilación antes de que pierdas esta oportunidad que hoy tienes a tu alcance y pronto desaparecerá. No esperes".

»A pesar de la opinión de mi padre, dudé. Los mercaderes del este acababan de traer ropa de tal riqueza y belleza que mi mujer y yo ya habíamos decidido que compraríamos al menos una pieza para cada uno. Si hubiera aceptado invertir la décima parte de mis ganancias en esa empresa, hubiéramos tenido que privarnos de esas vestimentas y de otros placeres que deseábamos. No quise pronunciarme hasta que fuera demasiado tarde; fue una mala idea. La empresa resultó más fructífera de lo que se hubiera podido predecir. Ésta es mi historia y muestra cómo permití que la fortuna se me escapara.

—En esta historia vemos que la *suerte espera y llega al hombre que aprovecha la oportunidad*–comentó un hombre del desierto de tez morena–. Siempre tiene que haber un primer momento en el que se adquieren bienes. Puede ser unas monedas de oro o de plata que un hombre consigue de sus ganancias por su primera inversión. Yo mismo poseo varios rebaños. Empecé a adquirir animales cuando era un niño, cambiando un joven ternero por una moneda de plata. Este gesto, que simbolizaba el principio de mi riqueza, adquirió gran importancia para mí. Toda la suerte que un hombre necesita debe confluir en la primera adquisición de bienes. Para todos los hombres, este primer paso es el más importante, porque hace que los individuos que ganan su dinero a partir de su propia labor pasen a ser hombres que consiguen dividendos de su oro. Por suerte, algunos hombres aprovechan la ocasión cuando son jóvenes y, de ese modo, tienen más éxito financiero que los que aprovechan la oportunidad más tarde o que los hombres desafortunados, como el padre de este comerciante, que no la consiguen nunca.

»Si nuestro amigo comerciante hubiera dado este primer paso cuando de joven se le presentó la ocasión, ahora poseería grandes riquezas. Si la suerte de nuestro amigo tejedor le hubiera determinado a dar ese paso por aquel entonces, probablemente ese hubiera sido el primer paso de una suerte mayor.

—A mí también me gustaría hablar –dijo un extranjero levantándose–. Soy sirio. No hablo muy bien vuestro idioma. Me gustaría calificar de algún modo a este amigo, el comerciante. Quizás penséis que no soy educado, ya que deseo llamarlo de ese modo. Pero, desgraciadamente, no conozco cómo se dice en vuestro idioma y si lo digo en sirio, no me entenderéis. Entonces, decidme, por favor, ¿cómo calificáis a un hombre que tarda en cumplir las cosas que le convienen?

—Indeciso –gritó uno de los asistentes.

—Eso es –afirmó el sirio, mientras agitaba las manos visiblemente excitado–. No acepta la ocasión cuando se presenta. Espera. Dice que está muy ocupado. Hasta la próxima, ya te volveré a ver… La ocasión no espera a la gente tan lenta, ya que piensa que si un hombre desea tener suerte, reaccionará con rapidez. Los hombres que no reaccionan con celeridad cuando se presenta la ocasión son grandes indecisos, como nuestro amigo comerciante.

El comerciante se levantó y saludó con naturalidad como contestación a las risas.

—Te admiro, extranjero. Entras en nuestro centro y no dudas en decir la verdad.

—Y ahora escuchemos otra historia. ¿Quién tiene otra experiencia que contar? –preguntó Arkad.

—Yo tengo una –contestó un hombre de mediana edad, vestido con una túnica roja–. Soy comprador de animales, sobre todo de camellos y caballos. Algunas veces, compro también ovejas y cabras. La historia que voy a contaros muestra cómo la fortuna vino en el momento que menos la esperaba. Quizás sea por eso que la dejé escapar. Podréis sacar vuestras propias conclusiones cuando os lo cuente.

»Al volver a la ciudad una tarde, tras un viaje agotador de diez días en busca de camellos, me molestó mucho encontrar las puertas de la ciudad cerradas a cal y canto. Mientras mis esclavos montaban nuestra tienda para pasar la noche que preveíamos escasa en comida y agua, un viejo granjero que, como nosotros, se encontraba retenido en el exterior se acercó.

»"Honorable señor", dijo al dirigirse a mí, "parecéis un comprador de ganado. Si es así, me gustaría venderos el excelente rebaño de ovejas que traemos. Por desgracia, mi mujer está muy enferma, tiene fiebre y tengo que volver rápidamente a mi hogar. Si me compráis las ovejas, mis esclavos y yo podremos hacer el viaje de vuelta sobre los camellos sin perder más tiempo".

»Estaba tan oscuro que no podía ver su rebaño, pero por los balidos supe que era grande. Me sentía contento de hacer un negocio con él, ya que había perdido diez días buscando camellos que no había podido encontrar. Me pidió un precio muy bajo porque estaba ansioso. Acepté, pues sabía que mis esclavos podrían franquear las puertas de la ciudad con el rebaño por la mañana, venderlo y conseguir buenos beneficios.

»Una vez cerrado el trato, llamé a mis esclavos y les ordené que trajeran antorchas para poder ver el rebaño que, según el granjero, estaba compuesto de novecientas ovejas. No quiero aburriros describiendo las dificultades que tuvimos para intentar contar a unas ovejas tan sedientas, cansadas y agitadas. La tarea parecía imposible. Entonces, informé al granjero que las contaría a la luz del día y le pagaría en ese momento.

»"Por favor, honorable señor, rogó el granjero. Pagadme sólo las dos terceras partes del precio esta noche para que pueda ponerme en marcha. Dejaré a mi esclavo más inteligente e instruido para que os ayude a contar las ovejas por la mañana. Es de fiar, os podrá pagar el saldo".

»Pero yo era testarudo y rechacé efectuar el pago esa noche. A la mañana siguiente, antes de que me despertara, las puertas de la ciudad se abrieron y cuatro compradores de rebaños se lanzaron a la búsqueda de ovejas. Estaban impacientes y aceptaron de buen grado pagar un elevado precio porque la ciudad estaba sitiada y escaseaba la comida. El viejo granjero recibió casi el triple del precio que a mí me había ofrecido por su ganado. Era una extraña oportunidad que dejé escapar.

—Ésta es una historia extraordinaria –comentó Arkad–. ¿Qué os sugiere?

—Que hay que pagar inmediatamente cuando estamos convencidos de que nuestro negocio es bueno –sugirió un venerable fabricante de sillas de montar–. Si el negocio es bueno, tenéis que protegeros tanto de vuestra propia debilidad como de cualquier hombre. Nosotros, mortales, somos cambiantes y, por desgracia, solemos cambiar de idea con mayor facilidad cuando tenemos razón que cuando nos equivocamos, que es sin duda cuando más testarudos nos mostramos. Cuando tenemos razón, tendemos a vacilar y a dejar que la ocasión se escape. Mi primera idea siempre es la mejor. Sin embargo, siempre me cuesta forzarme a hacer deprisa y corriendo un negocio una vez que lo he decidido. Entonces, para protegerme de mi propia debilidad, doy un depósito al instante. Esto me impide que más tarde me arrepienta de haber dejado escapar buenas ocasiones.

—Gracias. Me gustaría volver a hablar –el sirio estaba otra vez de pie–. Estas historias se parecen. La suerte siempre se va por la misma razón. Todas las veces, al indeciso le surge un plan mejor. En todas las ocasiones, dudan y no dicen: "Es una buena ocasión, hay que reaccionar con rapidez". ¿Cómo pueden tener éxito de ese modo?

—Tus palabras son sabias, amigo –respondió el comprador–. La suerte se ha alejado del indeciso en las dos ocasiones. Pero eso no es nada extraordinario. Todos los hombres tienen la costumbre de dejar las cosas para más tarde. Deseamos riquezas, pero ¿cuántas veces, cuando se presenta la ocasión, esa costumbre de aplazarlo todo nos incita a retrasar nuestra decisión? Al ceder a ese hábito, nos convertimos en nuestro peor enemigo.

»Cuando era más joven, no conocía esa palabra que tanto le gusta a nuestro amigo de Siria. Al principio, pensaba que perdía negocios rentables por mi falta de juicio. Más tarde, creí que era culpa de mi obstinación. Finalmente, he reconocido de qué se trata: la costumbre de retrasar inútilmente una decisión cuando es urgente una acción necesaria y decisiva. Realmente detesté esta costumbre cuando descubrí su verdadero carácter. Con la amargura de un asno salvaje atado a un carro, he cortado las ataduras de esta costumbre y he trabajado para tener éxito.

—Gracias. Me gustaría hacer una pregunta al comerciante –dijo el sirio–. Su vestimenta no es la de un pobre. Habla como un hombre que tiene éxito. Decidnos, ¿sucumbís ante la costumbre de la indecisión?

—Al igual que nuestro amigo comprador, yo también he reconocido y conquistado la costumbre de la indecisión –respondió el comerciante–. Para mí, ha resultado un enemigo temible, siempre al acecho esperando el momento propicio para frustrar mis éxitos. La historia que he narrado es tan sólo uno de los abundantes ejemplos que podría contar para mostraros cómo he desaprovechado buenas ocasiones. El enemigo se puede controlar fácilmente una vez se le reconoce. Ningún hombre permite de forma voluntaria que un ladrón le robe sus reservas de grano. Como tampoco ningún hombre permite de buen grado que un enemigo le robe la clientela para su propio beneficio. Cuando un día comprendí que la indecisión era mi peor enemigo, la vencí con determinación. De este modo, todos los hombres deben dominar su tendencia a la indecisión antes de poder pensar en compartir los ricos tesoros de Babilonia.

»¿Qué opina usted, Arkad? Usted es el hombre más rico de Babilonia y muchos sostienen que también es el más afortunado. ¿Está de acuerdo conmigo en que ningún hombre puede conseguir un éxito completo mientras no haya liquidado por completo su costumbre de aplazar las decisiones?

—Eso es cierto –admitió Arkad–. Durante mi larga vida, he conocido a hombres que han recorrido las amplias avenidas de la ciencia y de los conocimientos que llevan al éxito en la vida. A todos se les han presentado buenas ocasiones. Algunos las aprovecharon de inmediato y pudieron, de este modo, satisfacer sus más profundos deseos, pero muchos dudaron y se quedaron atrás.

Arkad se giró hacia el tejedor.

—Ya que has sido tú el que nos has sugerido un debate sobre la suerte, dinos lo que opinas sobre ese tema.

—Veo la suerte bajo un nuevo prisma. Creía que era algo deseable que podía llegar a cualquier hombre sin que éste realizara esfuerzo alguno. Ahora, soy consciente de que no se trata de un acontecimiento que uno puede provocar. He aprendido, gracias a nuestra discusión, que *para atraer la suerte, es preciso aprovechar de inmediato las ocasiones que se presentan.* Por eso, en el futuro, me esforzaré en sacar el máximo partido posible de las ocasiones que se me presenten.

—Has entendido muy bien las verdades a las que hemos llegado con nuestra discusión –respondió Arkad–. La suerte toma a menudo la forma de una oportunidad, pero pocas veces nos viene de otro modo. Nuestro amigo comerciante habría tenido mucha suerte si hubiera aceptado la ocasión que la diosa le brindaba. Nuestro amigo comprador, también habría podido aprovechar su suerte si hubiera completado la compra del rebaño y lo habría vendido consiguiendo un gran beneficio.

»Hemos seguido con esta discusión para descubrir los medios necesarios para que la suerte nos sonría. Creo que vamos bien encaminados. En las dos historias hemos visto cómo la suerte toma la forma de una oportunidad. De todo esto se desprende la verdad, verdad que por muchas historias parecidas que contáramos no cambiaría: *la suerte puede sonreíros si aprovecháis las ocasiones que se presentan.*

»Los que están impacientes por aprovechar las ocasiones que se les presentan para sacarles el máximo beneficio posible atraen la atención de la buena diosa. Siempre se apresura en ayudar a los que son de su agrado. Le gustan sobre todo los hombres de acción.

"La acción te conducirá hacia el éxito que deseas".

A LOS HOMBRES DE ACCIÓN LES SONRÍE LA DIOSA DE LA FORTUNA

5. Las cinco leyes del oro

—Si pudieras escoger entre un saco lleno de oro y una tablilla de arcilla que tuvieran grabadas unas palabras llenas de sabiduría, ¿qué escogerías?

Junto a las vacilantes llamas de una hoguera alimentada con arbustos del desierto, los bronceados rostros de los oyentes brillaban animados por el interés.

—El oro, el oro –respondieron a coro los veintisiete presentes. El viejo Kalabab, que había previsto esta respuesta, sonrió.

—¡Ah! –continuó, alzando la mano–. Escuchad a los perros salvajes a lo lejos, en la noche. Aúllan y gimen porque el hambre les corroe las entrañas. Pero dadles comida y observad lo que hacen. Se pelean y se pavonean. Y después siguen peleándose y pavoneándose, sin preocuparse por el mañana.

»Exactamente igual que los hijos de los hombres. Dadles a escoger entre el oro y la sabiduría: ¿qué hacen? Ignoran la sabiduría y malgastan el oro. Al día siguiente, gimen porque ya no tienen oro.

»El oro está reservado a aquellos que conocen sus leyes y las obedecen.

Kalabab cubrió sus delgadas piernas con la túnica blanca, pues la noche era fría y el viento soplaba con fuerza.

—Porque me habéis servido fielmente durante nuestro largo viaje, porque habéis cuidado bien de mis camellos, porque habéis trabajado duro sin quejaros a través de las arenas del desierto y porque os habéis enfrentado con valentía a los ladrones que han intentado despojarme de mis bienes, esta noche voy a contaros la historia de las cinco leyes del oro, una historia como jamás habéis oído antes.

»¡Escuchad, escuchad! Prestad mucha atención a mis palabras para comprender su significado y tenerlas en cuenta en el futuro si deseáis poseer mucho oro.

Hizo una pausa impresionante. Las estrellas brillaban en la bóveda celeste. Detrás del grupo se distinguían las descoloridas tiendas que habían sujetado fuertemente en previsión de posibles tormentas de arena. Al lado de las tiendas, los fardos de mercancías recubiertos de pieles estaban correctamente apilados. Cerca de allí, algunos camellos tumbados en la arena rumiaban satisfechos, mientras que otros roncaban, emitiendo un sonido ronco.

—Ya nos has contado varias historias interesantes, Kalabab –dijo en voz alta el jefe de la caravana–. En ti vemos la sabiduría que nos guiará cuando tengamos que dejar de servirte.

—Os he contado mis aventuras en tierras lejanas y extranjeras, pero esta noche voy a hablaros de la sabiduría de Arkad, el hombre sabio que fue muy rico.

—Hemos oído hablar mucho de él –reconoció el jefe de la caravana–, pues fue el hombre más rico que jamás haya vivido en Babilonia.

—Era el hombre más acaudalado porque usaba el oro con sabiduría, más de lo que cualquier otra persona lo hizo anteriormente. Esta noche voy a hablaros de su gran sabiduría tal como Nomasir, su hijo, me habló de ella hace muchos años en Nínive, cuando yo no era más que un joven.

»Mi maestro y yo nos habíamos quedado hasta bien entrada la noche en el palacio de Nomasir. Yo había ayudado a mi maestro a llevar los grandes rollos de suntuosas alfombras que debíamos mostrar a Nomasir para que éste hiciera su elección. Finalmente, quedó muy satisfecho y nos invitó a sentarnos con él y beber un vino exótico y perfumado que recalentaba el estómago, bebida a la que yo no estaba acostumbrado.

»Entonces nos contó la historia de la gran sabiduría de Arkad, su padre, la misma que voy a contaros.

»Como sabéis, según la costumbre de Babilonia, los hijos de los ricos viven con sus padres a la espera de recibir su herencia. Arkad no aprobaba esta costumbre. Así pues, cuando Nomasir tuvo derecho a su herencia, le dijo al joven:

»"Hijo mío, deseo que heredes mis bienes. Sin embargo, debes demostrar que eres capaz de administrarlos con sabiduría. Por tanto, quiero que recorras el mundo y que demuestres tu capacidad de conseguir oro y hacerte respetar por los hombres".

»"Para que empieces con buen pie, te daré dos cosas que yo no tenía cuando empecé, siendo un joven pobre, a amasar mi fortuna".

»"En primer lugar, te doy este saco de oro. Si lo utilizas con sabiduría, construirás las bases de tu futuro éxito".

»"En segundo lugar, te doy esta tablilla de arcilla donde están grabadas las cinco leyes del oro. Sólo serás competente y seguro si las pones en práctica en tus propios actos".

»"Dentro de diez años, volverás a casa de tu padre y darás cuenta de tus actos. Si has demostrado tu valor, entonces heredarás mis bienes. De no ser así, los daré a los sacerdotes para que recen por mi alma y pueda ganar la buena consideración de los dioses".

»Así pues, Nomasir partió para vivir sus propias experiencias, llevándose consigo el saco de oro, la tablilla cuidadosamente envuelta en seda, su esclavo y los caballos sobre los que se fueron cabalgando.

»Los diez años pasaron rápidamente y Nomasir, como habían convenido, volvió a casa de su padre, que organizó un gran festín en su honor, festín al que estaban invitados varios amigos y parientes. Terminada la cena, el padre y la madre se instalaron en sus asientos ubicados en la gran sala, semejantes a dos tronos, y Nomasir se situó frente a ellos para dar cuenta de sus actos tal como había prometido a su padre.

»Era de noche. En la sala flotaba el humo de las lámparas de aceite que alumbraban débilmente la estancia. Los esclavos, vestidos con chaquetones blancos y túnicas, batían el húmedo aire con largas hojas de palma. Era una escena solemne. Impacientes por escucharle, la mujer de Nomasir y sus dos hijos pequeños, amigos y otros miembros de la familia se sentaron sobre las alfombras detrás de él.

»"Padre", empezó con deferencia, "me inclino ante vuestra sabiduría. Hace diez años, cuando yo me encontraba en el umbral de la edad adulta, me ordenasteis que partiera y me convirtiera en hombre entre los hombres en lugar de seguir siendo el simple candidato a vuestra fortuna".

»"Me disteis mucho oro. Me disteis mucha de vuestra sabiduría. Por desgracia, debo admitir, muy a pesar mío, que administré muy mal el oro que me habíais confiado. Se escurrió entre mis dedos, realmente a causa de mi inexperiencia, como una liebre salvaje que se salva a la primera oportunidad que le ofrece el joven cazador que la ha capturado".

»El padre sonrió con indulgencia.

»"Continúa, hijo mío, tu historia me interesa hasta el mínimo detalle".

»"Decidí ir a Nínive porque era una ciudad próspera, con la esperanza de poder encontrar buenas oportunidades allí. Me uní a una caravana e hice numerosos amigos. Dos hombres, conocidos por poseer el caballo blanco más hermoso y tan rápido como el viento, formaban parte de la caravana".

»"Durante el viaje, me confiaron que en Nínive había un hombre que poseía un caballo tan rápido que jamás había sido superado en ninguna carrera. Su propietario estaba convencido de que ningún caballo en vida podía correr más deprisa. Estaba dispuesto a apostar cualquier cantidad, por muy elevada que fuera, a que su caballo podía superar a cualquier otro caballo en toda Babilonia. Mis amigos dijeron que comparado con su caballo, no era más que un pobre asno fácil de ganar".

»"Me ofrecieron, como gran favor, la oportunidad de unirme a ellos en la apuesta. Yo estaba entusiasmado por aquel proyecto tan emocionante".

»"Nuestro caballo perdió y yo me quedé sin gran parte de mi oro. El padre rió. Más tarde descubrí que era un plan fraudulento organizado por aquellos hombres, y que viajaban constantemente en caravanas en busca de nuevas víctimas. Como podéis suponer, el hombre de Nínive era su cómplice y compartía con ellos las apuestas que ganaba. Esta trampa fue mi primera lección de desconfianza".

»"Pronto recibiría otra, tan amarga como la primera. En la caravana, había un joven con el cual me unía la amistad. Era hijo de padres ricos como yo y se dirigía a Nínive para conseguir una situación aceptable. Poco tiempo después de nuestra llegada, me dijo que un rico mercader había muerto y que su tienda, su valiosa mercancía y su clientela estaban a nuestro alcance por un precio muy razonable. Diciéndome que podríamos ser socios a partes iguales, pero que primero tenía que volver a Babilonia para depositar su dinero en un lugar seguro, me convenció para que comprara la mercancía con mi oro".

»"Retrasó su viaje a Babilonia, y resultó ser un comprador poco prudente y malgastador. Finalmente me deshice de él, pero el negocio había empeorado hasta tal punto que ya no quedaba casi nada aparte de mercancías invendibles y yo no tenía más oro para comprar otras. Malvendí lo que quedaba a un israelita por una suma irrisoria".

»"Los días que siguieron fueron amargos, padre. Busqué trabajo pero no encontré ninguno, pues no tenía un oficio ni una profesión que me hubieran permitido ganar dinero. Vendí mis caballos. Vendí a mi esclavo. Vendí mis ropas de recambio para comprar algo que llevarme a la boca y un lugar donde dormir, pero el hambre se hacía sentir cada vez más".

»"Durante aquellos días de miseria, recordé vuestra confianza en mí, padre. Me habíais enviado a la aventura para que me convirtiera en un hombre, y estaba decidido a conseguirlo". La madre ocultó su rostro y lloró tiernamente. En aquel momento, me acordé de la tablilla que me habíais dado y en la que habíais grabado las cinco leyes del oro. Entonces leí con mucha atención vuestras palabras de sabiduría y comprendí que si primero hubiera buscado la sabiduría, no hubiera perdido todo mi oro. Memoricé todas las leyes y decidí que cuando la diosa de la fortuna me volviera a sonreír, me dejaría guiar por la sabiduría de la edad y no por una juventud inexperta".

»"En beneficio de los que están aquí sentados, voy a leer las palabras de sabiduría que mi padre hizo grabar en la tablilla de arcilla que me dio hace diez años".

Las cinco leyes del oro

I. El oro acude fácilmente y en cantidades siempre importantes al hombre que reserva no menos de una décima parte de sus ganancias para crear un bien en previsión del futuro suyo y de su familia.

II. El oro trabaja con diligencia y de forma rentable para el poseedor sabio que le encuentra un uso provechoso, multiplicándose incluso como los rebaños en los campos.

III. El oro permanece bajo la protección del poseedor prudente que lo invierte según los consejos de hombres sabios.

IV. El oro escapa al hombre que invierte sin fin alguno en empresas que no le son familiares o que no son aprobadas por aquellos que conocen la forma de utilizar el oro.

V. El oro huye del hombre que lo fuerza en ganancias imposibles, que sigue el seductor consejo de defraudadores y estafadores o que se fía de su propia inexperiencia y de sus románticas intenciones de inversión.

»"Éstas son las cinco leyes del oro tal como mi padre las escribió. Afirmo que son mucho más valiosas que el mismo oro, como demuestra la continuación de mi historia".

»"Os he hablado de la enorme pobreza y de la desesperación a las que me había conducido mi inexperiencia". De nuevo miró a su padre.

»"Sin embargo, no hay mal que cien años dure. El fin de mis desventuras llegó cuando encontré un empleo, el de capataz de un grupo de esclavos que trabajaban en la construcción de la nueva muralla que rodearía la ciudad".

»"Como conocía la primera ley del oro, pude aprovechar esta oportunidad; reservé una pieza de cobre de mis primeras ganancias, sumando otra siempre que me era posible hasta conseguir una moneda de plata. Era un proceso lento, puesto que tenía que satisfacer mis necesidades. Admito que gastaba con reparo porque estaba decidido a ganar tanto oro como me habíais dado, padre, y antes de que hubieran transcurrido los diez años".

»"Un día, el jefe de los esclavos, del cual me había hecho bastante amigo, me dijo: "Sois un joven ahorrador que no gasta a diestra y siniestra todo lo que gana. ¿Tenéis oro reservado que no os esté rentando?".

»"Sí", le contesté. "Mi mayor deseo consiste en acumular oro para reemplazar el que mi padre me había dado y que perdí".

»"Es una ambición muy noble. ¿Sabíais que el oro que habéis ahorrado puede trabajar por vos y haceros ganar todavía más oro?".

»"¡Ay! Mi experiencia ha sido muy dura porque todo el oro de mi padre ha desaparecido y tengo miedo de que suceda lo mismo con el mío".

»"Si confiáis en mí, os daré un provechoso consejo respecto a la forma de utilizar el oro", replicó él. "Dentro de un año, la muralla que rodeará la ciudad estará terminada y dispuesta a acoger las grandes puertas centrales de bronce destinadas a proteger la ciudad contra los enemigos del rey. En todo Nínive no hay el metal suficiente para fabricar estas puertas y el rey no ha pensado en conseguirlo. Éste es mi plan: varios de nosotros vamos a reunir nuestro oro para enviar una caravana a las lejanas minas de cobre y de estaño y traer a Nínive el metal necesario para fabricar las puertas. Cuando el rey ordene que se hagan las puertas, nosotros seremos los únicos que podremos proporcionar el metal y nos pagará un buen precio. Si el rey no nos lo compra, siempre podremos revender el metal a un precio razonable".

»“En esta oferta reconocí una oportunidad y, fiel a la tercera ley, invertí mis ahorros siguiendo el consejo de hombres sabios. Tampoco sufrí decepción alguna... Nuestros fondos comunes fueron un éxito y mi cantidad de oro aumentó considerablemente gracias a esta transacción”.

»“Con el tiempo me aceptaron como miembro del mismo grupo de inversores para otras empresas. Aquellos hombres eran sabios a la hora de administrar provechosamente el oro. Estudiaban con mucho cuidado todos los planes presentados antes de pasar a ejecutarlos. No se arriesgaban a perder su capital o a estancarlo en inversiones no rentables que no hubieran permitido recuperar el oro. Empresas insensatas como la carrera de caballos y la asociación de la que había formado parte por culpa de mi inexperiencia ni siquiera habrían merecido su consideración. Ellos habrían detectado los peligros de esas empresas inmediatamente. Gracias a mi asociación con aquellos hombres, aprendí a invertir mi oro con seguridad para que me produjera beneficios. Con el paso de los años, mi tesoro aumentaba cada vez más deprisa. No sólo he ganado lo que había perdido, sino que he traído mucho más”.

»“A lo largo de mis desgracias, mis intentos y mis éxitos, he puesto a prueba la sabiduría de las cinco leyes del oro repetidamente, padre, y éstas se han revelado justas en cada ocasión. Para aquel que no conoce las cinco leyes del oro, el oro no acude a él y se gasta rápidamente. Pero para aquel que sigue las cinco leyes, el oro acude a él y trabaja como un fiel esclavo!”.

»Nomasir dejó de hablar e hizo una señal a un esclavo que se encontraba al fondo de la sala. El esclavo trajo, de uno en uno, tres pesados sacos de cuero. Nomasir tomó uno de los sacos y lo colocó en el suelo frente a su padre dirigiéndose a él una vez más:

»"Me habíais dado un saco de oro, de oro de Babilonia. Para reemplazarlo, os devuelvo un saco de oro de Nínive del mismo peso. Todo el mundo estará de acuerdo en que es un intercambio justo".

»"Me habíais dado una tablilla de arcilla con sabiduría grabada en ella. A cambio, os doy dos sacos de oro".

»Diciendo esto, tomó los otros dos sacos de manos del esclavo y, como el primero, los colocó delante de su padre.

»"Esto es para demostraros, padre, que considero mucho más valiosa vuestra sabiduría que vuestro oro. Pero ¿quién puede medir en sacos de oro el valor de la sabiduría? Sin sabiduría, aquellos que poseen oro lo pierden rápidamente, pero gracias a la sabiduría, aquellos que no tienen oro pueden conseguirlo, tal como demuestran estos tres sacos".

»"Es una gran satisfacción para mí, padre, poder estar frente a vos y deciros que gracias a vuestra sabiduría he podido llegar a ser rico y respetado por los hombres".

»El padre colocó su mano sobre la cabeza de Nomasir con gran afecto.

»"Has aprendido bien la lección y, verdaderamente, soy muy afortunado de tener un hijo al que confiar mi riqueza".

Terminado el relato, Kalabab permaneció callado, observando a sus oyentes con aire crítico.

—¿Qué pensáis de la historia de Nomasir? –continuó–. ¿Quién de entre vosotros puede acudir a su padre o a su suegro y dar cuenta de la buena administración de sus ingresos?

»¿Qué pensarían esos venerables hombres si les dijerais: "He viajado y aprendido mucho, he trabajado mucho y he ganado mucho pero, ¡ay!, tengo poco oro. He gastado parte de él con sabiduría, otra parte alocadamente y también he perdido otra por imprudencia"?

»¿Todavía creéis que la suerte es la responsable de que algunos hombres posean mucho oro y de que otros no tengan? En ese caso, os equivocáis.

»Los hombres tienen mucho oro cuando conocen las cinco leyes del oro y las respetan.

»Gracias al hecho de haber aprendido las cinco leyes en mi juventud y de haberlas seguido, me he convertido en un mercader rico. No he hecho fortuna por una extraña magia.

»La riqueza que se adquiere rápidamente también desaparece rápidamente.

»La riqueza que permanece para proporcionar alegría y satisfacción a su poseedor aumenta de forma gradual porque es una criatura nacida del conocimiento y de la determinación.

»Adquirir bienes constituye una carga sin importancia para el hombre prudente. Transportar la carga año tras año con inteligencia permite llegar al objetivo final.

»A aquellos que respetan las cinco leyes del oro, se les ofrece una rica recompensa.

»Cada una de las cinco leyes es rica en significado y, si no habéis comprendido su sentido durante mi relato, voy a repetíroslas ahora. Me las sé de memoria porque cuando era joven, pude constatar su valor y no me sentí satisfecho hasta que no las memoricé.

La primera ley del oro

El oro acude fácilmente y en cantidades siempre importantes al hombre que reserva no menos de una décima parte de sus ganancias para crear un bien en previsión de su futuro y del de su familia.

»El hombre que sólo reserva la décima parte de sus ganancias de forma regular y la invierte con sabiduría seguramente creará una inversión valiosa que le procurará unos ingresos para el futuro y una mayor seguridad para su familia si llegara el caso de que los dioses le volvieran a llamar hacia el mundo de la oscuridad. Esta ley dice que el oro siempre acude libremente a un hombre así. Yo puedo confirmarlo basándome en mi propia vida. Cuanto más oro acumulo, más oro acude a mí rápidamente y en cantidades crecientes. El oro que ahorro me proporciona más oro, igual que lo hará el vuestro, y estas ganancias proporcionan otras ganancias; así funciona la primera ley.

La segunda ley del oro

El oro trabaja con diligencia y de forma rentable para el poseedor sabio que le encuentra un uso provechoso, multiplicándose incluso como los rebaños en los campos.

»Verdaderamente, el oro es un trabajador voluntarioso. Siempre está impaciente por multiplicarse cuando aparece una oportunidad. A todos los hombres que tienen un tesoro de oro guardado, se les presenta una oportunidad, permitiéndoles hacerlo rentable. Con los años, el oro se multiplica de manera sorprendente.

La tercera ley del oro

El oro permanece bajo la protección del poseedor prudente que lo invierte según los consejos de hombres sabios.

»El oro se aferra al poseedor prudente, aunque se trate de un poseedor despreocupado. El hombre que busca la opinión de hombres sabios en la forma de negociar con oro aprende rápidamente a no arriesgar su tesoro y a preservarlo y verlo aumentar con satisfacción.

La cuarta ley del oro

El oro escapa al hombre que invierte sin fin alguno en empresas que no le son familiares o que no son aprobadas por aquellos que conocen la forma de utilizar el oro.

Para el hombre que tiene oro pero que no tiene experiencia en los negocios, muchas inversiones parecen provechosas. A menudo, estas inversiones comportan un riesgo, y los hombres sabios que las estudian demuestran rápidamente que son muy poco rentables. Así pues, el poseedor de oro inexperto que se fía de su propio juicio y que invierte en una empresa con la que no está familiarizado descubre a menudo que su juicio es incorrecto y paga su inexperiencia con parte de su tesoro. Sabio es aquel que invierte sus tesoros según los consejos de hombres expertos en el arte de administrar el oro.

La quinta ley del oro

El oro huye del hombre que lo fuerza en ganancias imposibles, que sigue el seductor consejo de defraudadores y estafadores o que se fía de su propia inexperiencia y de sus románticas intenciones de inversión.

»El nuevo poseedor de oro siempre se encontrará con proposiciones extravagantes que son tan emocionantes como la aventura. Éstas dan la impresión de proporcionar unos poderes mágicos a su tesoro que lo hacen capaz de conseguir ganancias imposibles, pero en realidad debéis desconfiar; los hombres sabios conocen bien las trampas que se esconden detrás de cada plan que pretende conseguir riqueza de forma repentina.

»Recordad a los hombres ricos de Nínive, que no se arriesgaban a perder su capital ni a estancarlo en inversiones no rentables.

»Aquí termina mi historia de las cinco leyes del oro. Al contárosla, os he revelado los secretos de mi propio éxito.

»Sin embargo, no se trata de secretos, sino de grandes verdades que todos los hombres deben aprender primero y seguir después si desean escapar de la multitud que, como los perros salvajes, ha de preocuparse cada día por su ración de pan.

»Mañana entraremos en Babilonia. ¡Observad con atención! ¡Mirad la llama eterna que arde en lo alto del Templo de Bel! Ya vemos la ciudad dorada. Mañana, cada uno de vosotros tendrá oro, el oro que tanto os habéis ganado con vuestros fieles servicios.

»Dentro de diez años contando desde esta noche, ¿qué podréis decir de este oro?

»Entre vosotros hay hombres que, como Nomasir, utilizarán una parte de su oro para comenzar a acumular bienes y, por consiguiente, guiados por la sabiduría de Arkad, dentro de diez años, no cabe la menor duda, serán ricos y respetados por los hombres, como el hijo de Arkad.

»Nuestros actos sabios nos acompañan a lo largo de toda la vida para servirnos y ayudarnos. Del mismo modo, seguramente, nuestros actos imprudentes nos persiguen para atormentarnos. Desgraciadamente, no se pueden olvidar. Los primeros de los tormentos que nos persiguen son los recuerdos de cosas que tendríamos que haber hecho, oportunidades que se nos presentaron pero que no aprovechamos.

»Los tesoros de Babilonia son tan grandes que ningún hombre es capaz de calcular su valor en piezas de oro. Todos los años adquieren mayor valor. Como los tesoros de todos los países, constituyen una recompensa, la rica recompensa que espera a los hombres resueltos, decididos a conseguir la parte que merecen.

»La fuerza de vuestros propios deseos contiene un poder mágico. Guiad este poder gracias al conocimiento de las cinco leyes del oro y tendréis vuestra parte de los tesoros de Babilonia.

6. El prestamista de oro de Babilonia

¡Cincuenta monedas de oro! Rodan, el fabricante de lanzas de la vieja Babilonia, nunca había llevado tanto oro en su bolsa de cuero. Volvía feliz caminando a grandes zancadas por el camino real del palacio. El oro tintineaba alegremente en la bolsa que colgaba de su cinturón y se movía con un suave vaivén cada vez que daba un paso, era la música más dulce que jamás había oído.

¡Cincuenta monedas de oro! Le costaba creer en su buena suerte. ¡Cuánto poder había en esas piezas que tintineaban! Podrían procurarle todo lo que quisiera: una casa enorme, tierras, un rebaño, camellos, caballos, carros, todo lo que deseara.

¿Qué haría con ellas? Aquella noche, mientras tomaba una calle transversal y apresuraba su paso hacia la casa de su hermana, no podía pensar en otra cosa más que en esas pesadas y brillantes monedas que ahora le pertenecían.

Unos días más tarde, al ponerse el sol, Rodan entró perplejo en la tienda de Maton, prestamista de oro y mercader de joyas y de telas exóticas. Sin fijarse en los atractivos artículos que estaban ingeniosamente dispuestos a ambos lados, cruzó la tienda y se dirigió a las habitaciones de la parte posterior. Encontró al hombre que buscaba, Maton, tendido en una alfombra y saboreando la comida que le había servido su esclavo negro.

—Me gustaría pediros consejo porque no sé qué hacer.

Rodan estaba de pie con las piernas abiertas y por debajo de la chaqueta de cuero entreabierta se adivinaba su pecho velludo.

La figura delgada y pálida de Maton le sonrió y le saludó con afabilidad.

—¿Qué necedades habrás cometido para venir a pedir los favores del prestamista de oro? ¿Has tenido mala suerte en el juego? ¿Acaso alguna mujer te ha desplumado hábilmente? Desde que te conozco, nunca has solicitado mi ayuda para resolver tus problemas.

—No, no, nada de eso. No busco oro. He venido porque espero que puedas darme un sabio consejo.

—¡Escuchad, escuchad lo que dice este hombre! Nadie viene a ver al prestamista de oro para que le dé un consejo. Mis oídos me están jugando una mala pasada.

—Oyen correctamente.

—¿Cómo es posible? Rodan, el fabricante de lanzas, es más astuto que nadie. Por eso visita a Maton, no para pedirle que le preste oro, sino para pedirle consejo.

»Hay muchos hombres que vienen a pedirme oro para pagar sus caprichos pero no quieren que los aconseje. Sin embargo, ¿quién mejor que el prestamista para aconsejar a los muchos hombres que acuden a él?

»Comerás conmigo, Rodan –continuó diciendo–. Esta noche, tú serás mi invitado. ¡Ando! –ordenó a su esclavo negro–, extiende una alfombra para mi amigo Rodan, el fabricante de lanzas, que ha venido para que le aconseje. Será mi invitado de honor. Tráele mucha comida y el mejor vino para que se complazca en beber.

»Ahora, dime qué es lo que te preocupa.

—Se trata del regalo del rey.

—¿El regalo del rey? ¿El rey te ha hecho un regalo que te causa problemas? ¿Qué clase de regalo?

—Me dio cincuenta monedas de oro porque le gustó mucho el diseño de las nuevas lanzas de la guardia real y ahora estoy muy apurado.

»A cualquier hora del día me siento acosado por personas que querrían compartirlas conmigo.

—Es natural, hay muchos hombres que querrían tener más oro del que tienen y que les gustaría que aquellos que lo obtienen fácilmente lo compartieran con ellos. Pero ¿no puedes decirles que no? ¿No eres lo bastante fuerte como para defenderte?

—Hay muchos días que consigo decir que no, pero otras veces es más fácil decir que sí. ¿Puede alguien negarse a compartir este dinero con su hermana a la que se siente muy ligado?

—Seguramente tu hermana no querrá privarte de la alegría de tu recompensa.

—Pero me lo pide por amor a su marido, Araman, a quien ella desea ver convertido en un rico mercader.

»Cree que nunca ha tenido suerte y quiere que le preste el oro para que pueda convertirse en un próspero mercader y después devolverme el dinero con los beneficios.

—Amigo mío –prosiguió Maton–. Este asunto que quieres discutir es muy interesante. El oro otorga a quien lo posee una gran responsabilidad y cambia su posición social frente a los compañeros. Despierta el temor a perderlo o a ser engañado. Produce una sensación de poder y permite hacer el bien. Pero, en otras ocasiones, las buenas intenciones pueden causar problemas.

»¿Has oído hablar alguna vez del granjero de Nínive que era capaz de entender el lenguaje de los animales? No es el tipo de fábula que a los hombres les gusta contar en casa del herrero, pero te la voy a contar para que aprendas que en el hecho de tomar prestado o de prestar hay algo más que el paso del oro de una mano a otra.

»El granjero, que entendía lo que decían los animales entre ellos, todas las noches se quedaba a escuchar lo que hablaban. Una noche oyó al buey quejarse al asno de la dureza de su destino: "Arrastro el arado desde la mañana hasta la noche. Poco importa que haga calor, que esté cansado o que la yunta me irrite el cuello, igualmente tengo que trabajar. En cambio, tú eres una criatura hecha para el ocio. Decorado con una manta de colores, no tienes otra cosa que hacer que llevar a nuestro amo adonde desee ir. Cuando no va a ninguna parte, descansas y paces durante todo el día".

»El asno, a pesar de sus peligrosos cascos, era de naturaleza buena y simpatizaba con el buey. "Amigo mío", respondió, "trabajas mucho y me gustaría aliviar tu suerte, así que voy a contarte cómo puedes tener un día de descanso. Por la mañana, cuando venga a buscarte el esclavo para la labranza, tiéndete en el suelo y empieza a mugir sin cesar para que diga que estás enfermo y que no puedes trabajar".

»Entonces, el buey siguió el consejo del asno y a la mañana siguiente, el esclavo se dirigió a la granja y le dijo al granjero que el buey estaba enfermo y que no podía arrastrar el arado.

»"En este caso", dijo el granjero, "unce al asno, pues igualmente hay que labrar la tierra".

»Durante todo el día, el asno, que solamente había querido ayudar a su amigo, se vio forzado a hacer el trabajo del buey. Por la noche, cuando lo desengancharon del arado, tenía el corazón afligido, las piernas cansadas y le dolía el cuello porque la yunta se lo había irritado.

»El granjero se acercó al corral para escuchar.

»El buey empezó primero. "Eres un buen amigo. Gracias a tu sabio consejo, he disfrutado de un día de descanso".

»"En cambio yo", replicó el asno, "soy un corazón compasivo que empieza por ayudar a un amigo y termina haciendo su trabajo. A partir de ahora, tú arrastrarás tu propio arado porque he oído que el amo decía al esclavo que fuera a buscar al carnicero si todavía seguías enfermo. Espero que lo haga, porque eres un compañero perezoso".

»Nunca más se hablaron. Allí terminó su amistad.

»Rodan, ¿puedes explicarme la moraleja de esta fábula?

—Es una buena fábula –respondió Rodan–, pero yo no veo la moraleja.

—No pensaba que fueras a descubrirla, pero hay una y muy simple: si quieres ayudar a tu amigo, hazlo de forma que luego no recaigan sobre ti sus responsabilidades.

—No se me había ocurrido eso. Es una moraleja muy sabia. No deseo cargar con las responsabilidades de mi hermana y de su marido, pero dime, tú que prestas dinero a tanta gente, ¿acaso los que te piden dinero prestado no te lo devuelven?

—Maton sonrió con un gesto que da la experiencia. ¿Acaso sería un buen préstamo si no me lo devolvieran? ¿No crees que el prestamista tiene que ser lo suficientemente listo como para juzgar con precaución si el oro que presta será de utilidad para el que lo pide prestado y después le será devuelto, o si el oro se desperdiciará inútilmente y dejará al que lo ha pedido abrumado por una deuda que nunca podrá devolver?

»Voy a enseñarte las monedas que tengo en mi cofre y dejaré que te cuenten algunas historias.

Llevó a la habitación un cofre tan largo como su brazo, cubierto con piel de cerdo roja y adornado con figuritas de bronce. Lo depositó en el suelo y se agachó delante de él con las dos manos colocadas encima de la tapa.

—Exijo una garantía de cada persona a quien presto dinero y la dejo en el cofre hasta que me lo devuelven. Cuando lo hacen, se la entrego, pero si no lo hacen, este depósito me recordará siempre a quienes me han traicionado.

»El cofre me demuestra que lo más seguro es prestar dinero a aquellos cuyas posesiones tienen más valor que el oro que desean que les preste, a los que tienen tierras, joyas, camellos u otros objetos que se pueden vender como pago del préstamo. Algunas de las prendas que me dan tienen un valor superior que el préstamo. Otras, prometen entregarme una parte de sus propiedades como pago si no lo devuelven. Gracias a esta clase de préstamos, me aseguro de que me devolverán el oro con intereses, ya que la cantidad que les presto depende del valor de las propiedades que tienen.

»Hay otra categoría de personas que piden dinero prestado: los que pueden ganar dinero. Son como tú, trabajan o sirven y se les paga. Cuentan con unos ingresos, son honestos y no tienen mala suerte. Sé que ellos también pueden devolver el oro que les presto y los intereses a los que tengo derecho. Estos préstamos se basan en el esfuerzo humano.

»Los otros son los que no poseen propiedades ni tampoco ganan dinero. La vida es dura y siempre habrá gente que no podrá adaptarse. Mi cofre podría reprocharme más tarde que les prestara dinero, aunque sea menos que un céntimo, a no ser que buenos amigos del que me ha pedido el dinero me garantizaran su devolución.

Maton soltó el cerrojo y abrió la tapa. Rodan se acercó a mirar con curiosidad.

Había un collar de bronce encima de una tela de color escarlata. Maton tomó la joya y la acarició con cariño.

—Esta prenda siempre estará en mi cofre porque su propietario está muerto. La conservo cuidadosamente y me acuerdo mucho de él, pues era un buen amigo. Juntos hicimos negocios muy rentables hasta que trajo a una mujer del este, que no se parecía en nada a nuestras mujeres, con la que se casó. Una criatura deslumbrante. Malgastó todo su oro para colmar todos los deseos de ella. Cuando ya no le quedaba más oro, acudió a mí, angustiado. Le aconsejé. Le dije que le ayudaría una vez más a dirigir sus negocios. Juró por el signo del Gran Toro que retomaría las riendas de sus asuntos, pero eso no ocurrió. Durante una pelea, aquella mujer le hundió un cuchillo en el corazón, tal y como él le había desafiado a que hiciera.

—¿Y ella...? –preguntó Rodan.

—Sí, este collar era suyo. –Maton cogió la bella tela color escarlata–. Presa de amargos remordimientos, se lanzó al Éufrates. Nunca me devolverán esos dos préstamos. El cofre te explica, Rodan, que los que piden dinero prestado y son muy apasionados constituyen un gran riesgo para el prestamista de oro.

»Ahora te voy a contar otra historia diferente. –Buscó un anillo esculpido en un hueso de buey–. Esta joya pertenece a un granjero. Yo compro las alfombras que sus mujeres tejen. Los saltamontes devastaron sus cosechas y sus trabajadores no tenían nada que comer. Le ayudé y a la cosecha siguiente, me devolvió el dinero. Más tarde volvió a visitarme y me dijo que un viajante le había hablado de unas extrañas cabras que había en unas tierras lejanas. Tenían el pelo tan suave y fino que sus mujeres podrían tejer las alfombras más bellas que se hubieran visto jamás en Babilonia. Quería poseer ese rebaño pero no tenía dinero. Así que le presté el oro necesario para el viaje y la compra de las cabras. Ahora ya tiene su rebaño y el año que viene, voy a sorprender a los amos de Babilonia con las alfombras más caras que nunca hayan tenido la oportunidad de comprar. Pronto le devolveré el anillo. Insiste en reembolsarme el dinero rápidamente.

—¿Acaso hay personas que piden dinero prestado que hacen eso? –inquirió Rodan.

—Si me piden dinero con el fin de ganarlo, lo adivino y acepto prestarlo. Pero si lo hacen para pagarse sus caprichos, te advierto que seas prudente si quieres recobrar el oro.

—Cuéntame la historia de esta joya –pidió Rodan mientras tomaba con sus manos un brazalete de oro incrustado de extraordinarias piedras.

—Te interesan las mujeres, amigo mío –bromeó Maton.

—Soy bastante más joven que tú –replicó Rodan.

—De acuerdo, pero esta vez te imaginas un romance donde no lo hay. La propietaria es gorda y está arrugada y habla tanto para decir tan poco que me enoja. Antaño tenía mucho dinero y su hijo y ella eran buenos clientes, pero el tiempo les trajo desgracias. Le hubiera gustado hacer de su hijo un mercader. Un día vino a mi casa y me pidió dinero prestado para que su hijo pudiera asociarse con el propietario de una caravana que viajaba con sus camellos e intercambiaba en una ciudad lo que compraba en otra.

»El hombre demostró ser un canalla porque dejó al pobre chico en una ciudad lejana sin dinero y sin amigos tras abandonarlo mientras dormía. Quizás cuando sea adulto, me devolverá el dinero. Desde entonces, no recibo ningún interés por el préstamo, sólo palabras vanas, pero reconozco que las joyas valen lo que le presté.

—¿Y esta mujer, te pidió algún consejo sobre ese préstamo?

—Al contrario, se imaginó que su hijo sería un hombre poderoso y rico de Babilonia. Sugerirle lo contrario la hubiera enfurecido. Solamente tuve derecho a una reprimenda. Sabía que corría un riesgo porque su hijo era inexperto, pero como ella ofrecía la garantía, no pude negarle el préstamo.

—Esto –continuó Maton mientras agitaba un pedazo de cuerda anudado– pertenece a Nebatur, el comerciante de camellos. Cuando compra un rebaño que cuesta más de lo que él posee, me trae este nudo y yo le hago un préstamo según sus necesidades. Es un comerciante muy listo. Confío en su juicio y puedo prestarle dinero tranquilamente. Muchos otros mercaderes de Babilonia también gozan de mi confianza porque su conducta es honrada.

»Los objetos que me entregan en depósito entran y salen regularmente del cofre. Los buenos mercaderes forman un activo en nuestra ciudad y para mí es beneficioso ayudarles a mantener vivo el comercio para que Babilonia sea próspera.

Maton tomó un escarabajo esculpido en una turquesa y lo lanzó desdeñosamente al suelo.

—Es un insecto de Egipto. Al joven que posee esta piedra no le importa demasiado que algún día yo recupere el oro. Cuando se lo reclamo, me responde: "¿Cómo puedo devolverte el dinero si la desgracia se cierne sobre mí? ¡Tienes a otros!". ¿Qué puedo hacer? El objeto pertenece a su padre, un hombre digno pero que no es rico y que empeñó sus tierras y su rebaño para ayudar a su hijo en sus empresas. Al principio el joven tuvo éxito y luego empezó a estar muy ansioso por enriquecerse. Por culpa de su inexperiencia, sus empresas fracasaron.

»Los jóvenes son ambiciosos. Les gustaría conseguir rápidamente la riqueza y las cosas deseables que aporta. Para asegurarse una fortuna rápida, piden dinero prestado con imprudencia. Como es su primera experiencia, no pueden comprender que una deuda que no sea devuelta es como un agujero profundo al que podemos descender rápidamente y en el que podemos debatirnos en vano durante mucho tiempo. Es un agujero de penas y lamentos donde la luz del sol se ensombrece y la noche perturba un sueño agitado. Sin embargo, no desaconsejo que se preste dinero. Animo a que se haga. Lo recomiendo en el caso de que sea con una buena finalidad. Yo mismo tuve mi primer gran éxito como mercader con dinero que me habían prestado.

»Pero ¿qué debe hacer un prestamista en un caso así? El joven ha perdido la esperanza y no hace nada. Se ha desanimado. No se esfuerza por devolver el dinero y yo no quiero despojar a su padre de sus tierras y de su ganado.

—Me has contado muchas historias interesantes, pero no has contestado a mi pregunta. ¿Debo o no debo prestar las cincuenta monedas de oro a mi hermana y a su marido? ¡Ellos significan mucho para mí!

—Tu hermana es una mujer valiente y le tengo mucha estima. Si su marido viniera a verme para pedirme cincuenta monedas de oro, le preguntaría en qué iba a emplearlas.

»Si me contestara que quiere hacerse mercader como yo y tener una tienda de joyas y de muebles, le diría: "¿Conoces ese oficio?, ¿sabes dónde se puede comprar barato?". ¿Crees que podría responder afirmativamente a todas estas preguntas?

—No, no podría –admitió Rodan–. Me ayudó mucho a fabricar lanzas y también ayudó en otras tiendas.

—Entonces, le diría que su objetivo no es sensato. Los mercaderes tienen que aprender su oficio. Su ambición, aunque digna, no es lógica y por lo tanto, no le prestaría dinero.

»Pero supongamos que dice: "Sí, ayudé mucho a los mercaderes. Sé cómo ir a Esmirna para comprar a bajo precio las alfombras que las mujeres tejen. Además, conozco a los ricos de Babilonia a quienes se las puedo vender y así obtener grandes beneficios". Entonces, le diría: "Tu objetivo es sensato y tu ambición digna. Me alegraré de prestarte las cincuenta monedas de oro si me aseguras que me las devolverás". Pero si dijera: "Lo único que os puedo asegurar es que soy un hombre de honor y que os devolveré el dinero". En ese caso, le respondería: "Cada moneda de oro es muy valiosa para mí. Si los ladrones te quitan el dinero de camino a Esmirna o te arrebatan las alfombras a la vuelta, no tendrás medios para pagarme y habré perdido mi oro".

»Como ves, Rodan, el oro es la mercancía del prestamista. Es fácil prestarlo. Si se presta con imprudencia, es difícil de recuperar. Un prestamista prudente no quiere el riesgo de una promesa, sino la garantía de una devolución asegurada.

»Es bueno –prosiguió– ayudar a los que lo necesitan, a los que no tienen suerte. Está bien echar una mano a los que empiezan para que prosperen y se conviertan en buenos ciudadanos, pero la ayuda debe ser sensata porque si no, igual que el asno de la granja deseoso de ayudar, cargaremos con un peso que pertenece a otro.

»Sigo alejándome de tu pregunta, Rodan, pero escucha mi respuesta: guarda tus cincuenta monedas de oro. Son la justa recompensa de tu trabajo y nadie puede obligarte a compartirlas a menos que lo desees. Si quisieras prestarlas para que te dieran más oro, deberías hacerlo con precaución y en lugares distintos. No me gusta ni el oro que duerme ni tampoco los grandes riesgos.

»¿Cuántos años has trabajado como fabricante de lanzas?

—Tres años.

—Además del regalo del rey, ¿cuánto dinero has ahorrado?

—Tres monedas de oro.

—¿O sea, que cada año que has trabajado, te has privado de cosas buenas para ahorrar una moneda de tus ganancias?

—Así es.

—Entonces, ¿quizás privándote de las cosas buenas podrías ahorrar cincuenta monedas de oro en cincuenta años?

—Sería el fruto de toda una vida.

—¿Y crees que tu hermana arriesgaría los ahorros de tus cincuenta años de trabajo para que su marido diera los primeros pasos como mercader?

—No, visto de ese modo, no.

—Entonces, ve a verla y dile: "He estado tres años trabajando todos los días de la mañana a la noche excepto en los días de ayuno y me he privado de muchas cosas que deseaba ardientemente. Por cada año de trabajo y de abnegación, he conseguido una moneda de oro. Eres mi hermana predilecta y deseo que tu marido emprenda un negocio donde pueda prosperar mucho. Si me presenta un plan que a mi amigo Matan le parezca sensato y realizable, entonces le prestaré gustosamente mis ahorros de un año entero para que tenga la oportunidad de demostrar que puede tener éxito". Haz lo que te digo y si tiene talento para triunfar, deberá demostrarlo. Si falla, no te deberá más que lo que espera devolverte algún día.

»Soy prestamista de oro porque tengo más oro del que me hace falta para comerciar. Deseo que mi excedente de oro trabaje para los demás y así me aporte más oro. No me quiero arriesgar a perder mi oro porque he trabajado mucho y me he privado de muchas cosas para ahorrarlo, así que no voy a prestarlo a quien no merezca mi confianza y me asegure que me será devuelto. Tampoco lo prestaré si no estoy convencido de que los intereses de ese préstamo me serán devueltos rápidamente.

»Te he contado, Rodan, algunos secretos de mi cofre. Estos secretos te han revelado las debilidades de los hombres y su ansiedad por pedir dinero prestado aunque no siempre tengan los medios seguros para devolverlo.

Con estos ejemplos, te darás cuenta de que a menudo la gran esperanza de estos hombres sería adquirir grandes ganancias si tuvieran dinero y que simplemente se trata de falsas esperanzas porque no tienen ni la habilidad ni la experiencia necesarias para conseguirlas.

»Ahora tú, Rodan, posees el oro que podría producirte más oro. Estás muy cerca de convertirte, como yo, en un prestamista de oro. Si conservas tu tesoro, te aportará generosos intereses, será una fuente abundante de placeres y será provechoso para el resto de tus días. Pero, si lo dejas escapar, será una fuente tan constante de penas y lamentos que nunca lo olvidarás.

»¿Qué es lo que más deseas para el oro que contiene tu bolsa de cuero?

—Guardarlo en un lugar seguro.

—Has hablado con sensatez –respondió Maton en tono de aprobación–. Tu primer deseo es la seguridad. ¿Crees que bajo la custodia de tu cuñado estará seguro y al abrigo de cualquier pérdida?

—Me temo que no porque no es prudente en su forma de guardar el oro.

—Entonces, no te dejes influir por los absurdos sentimientos de obligación de confiar tu tesoro a cualquier persona. Si quieres ayudar a tu familia o a tus amigos, encuentra otros medios que no sean arriesgarte a perder tu tesoro. No te olvides de que el oro escapa inesperadamente a los que no saben guardarlo, ya sea por extravagancia o dejando que los otros lo pierdan por ti.

»Después de la seguridad, ¿qué es lo que más deseas para tu tesoro?

—Que me produzca más oro.

—Vuelves a hablar con sensatez. Tu oro tiene que darte ganancias y aumentar. El dinero que se presta sabiamente puede incluso duplicarse antes de que te hagas viejo. Si te arriesgas a perder tu dinero, también te arriesgas a perder todo lo que te pueda reportar.

»Así que no te dejes influir por los planes fantásticos de hombres imprudentes que piensan que saben la forma de hacer que tu oro produzca extraordinarias ganancias. Son planes forjados por soñadores inexpertos que no conocen las leyes seguras y fiables del comercio. Sé conservador en cuanto a las ganancias que el oro pueda producirte y en cuanto a lo que puedes ganar y saca así partido de tu tesoro. Invertir el oro con una promesa de ganancias usureras es darlo por perdido.

»Intenta asociarte con hombres hábiles y emprende negocios de cuyo éxito no haya ninguna duda para que tu tesoro salga ganando y esté en lugar seguro gracias a vuestra astucia y experiencia.

»De este modo, evitarás las desgracias que acompañan a la mayoría de los hijos de los hombres a quienes los dioses confían el oro.

Cuando Rodan quiso agradecerle su sabio consejo, éste no le escuchó y dijo: —El regalo del rey te procurará mucha sabiduría. Si guardas las cincuenta monedas de oro, deberás ser discreto. Tendrás tentaciones de invertir en muchos proyectos. Te darán muchos consejos. Tendrás muchas oportunidades de obtener grandes beneficios. Antes de prestar ninguna moneda de oro, has de asegurarte de que te la devolverán. Si quieres más consejos, vuelve a visitarme. Te los daré gustosamente.

»Antes de irte, lee lo que grabé en la tapa del cofre. Se puede aplicar tanto al prestamista como al que pide el dinero prestado:

MÁS VALE PREVENIR QUE CURAR

7. Las murallas de Babilonia

El viejo Banzar, guerrero feroz en otros tiempos, hacía guardia en la pasarela que llevaba a la parte más alta de las murallas de Babilonia. A lo lejos, valerosos soldados defendían el acceso a las murallas. La supervivencia de la gran ciudad y de sus centenares de miles de habitantes dependía de ellos.

De más allá de las murallas llegaban el fragor de los ejércitos que combatían, los gritos de los hombres, el sonido de los cascos de miles de caballos, el ensordecedor ruido de los arietes que golpeaban las puertas de bronce.

Los lanceros estaban en alerta continua, preparados para impedir la entrada en la ciudad en el caso de que las puertas cedieran. No eran numerosos, pues los ejércitos principales estaban lejos, hacia el este, acompañando al rey, que dirigía una campaña contra los elamitas. No habían previsto que pudieran ser atacados durante esta ausencia y las fuerzas defensoras eran escasas. Cuando nadie se lo esperaba, los grandes ejércitos asirios llegaron del norte. Las murallas deberían soportar el ataque, si no, sería el fin de Babilonia.

Alrededor de Banzar se agrupaban muchos ciudadanos aterrorizados buscando ansiosamente información sobre la evolución de los combates. Miraban aterrados la hilera de soldados muertos o heridos que eran transportados o que bajaban de la pasarela.

El asalto estaba llegando al momento crucial. Tras haber rodeado la ciudad durante tres días, el enemigo había concentrado sus fuerzas en aquella zona de la muralla y en aquella puerta.

Las defensas, situadas en la parte superior de la muralla, mantenían a raya a los adversarios que intentaban escalar las paredes de la muralla mediante plataformas o escaleras echándoles aceite hirviendo o tirando lanzas a los que conseguían llegar hasta lo más alto.

Los enemigos respondían disponiendo una línea de arqueros que proyectaban una lluvia de flechas contra los babilonios.

El viejo Banzar ocupaba un puesto elevado desde el que podía ver muy bien todo lo que pasaba; se encontraba muy cerca del centro de los combates y era el primero en percibir los ataques frenéticos del enemigo.

Un comerciante de edad avanzada se le acercó.

—Decidme, por favor, no podrán entrar, ¿verdad? –Juntando las dos manos le suplicó–: Mis hijos están acompañando a nuestro buen rey, por lo que no hay nadie para proteger a mi anciana esposa. Robarán todos nuestro bienes y tomarán todas nuestras reservas. Nosotros ya somos viejos, demasiado para poder servir como esclavos, nos moriremos de hambre. Pereceremos. Decidme que no podrán entrar en la ciudad.

—Cálmate, buen comerciante –respondió el guardia–. Las murallas de Babilonia son sólidas. Vuelve al bazar y di a tu mujer que las murallas os protegerán a vosotros y a vuestros bienes tanto como a los ricos tesoros del rey. Permanece cerca de la muralla para que no te alcance una flecha.

Una mujer con un bebé en brazos ocupó el lugar del hombre que se marchaba.

—Sargento, ¿qué noticias hay del combate? Decidme la verdad para que pueda tranquilizar a mi pobre marido. Está en cama con una gran fiebre producida por sus terribles heridas, pero insiste en protegerme con su armadura y su lanza, porque estoy encinta. Dice que la venganza del enemigo sería terrible en el caso de que entrara.

—Tienes buen corazón porque eres madre, y lo volverás a ser. Las murallas de Babilonia te protegerán a ti y a tus hijos. Son altas y sólidas, ¿no oyes los gritos de nuestros valientes defensores que tiran calderos de aceite hirviendo a los que intentan escalar los muros?

—Sí, y también oigo el bramido de los arietes que chocan contra nuestras puertas.

—Vuelve con tu marido, dile que las puertas son fuertes y resistirán el embate de los arietes. Dile también que a los que escalan las murallas les espera una lanza. Ve con cuidado y date prisa en llegar a los edificios, donde estarás más segura.

Banzar se apartó para dejar vía libre a los refuerzos armados. Cuando pasaban muy cerca de él con su pesada marcha y los escudos de bronce tintineando, una niña estiró del cinturón a Banzar.

—Decidme, por favor, soldado, ¿estamos seguros? –preguntó–. Oigo ruidos terribles, veo hombres que sangran ¡Tengo tanto miedo! ¿Qué será de nuestra familia, mi madre, mi hermanito y el bebé?

El viejo militar parpadeó y levantó su barbilla al ver a la niña.

—No tengas miedo, pequeña –le dijo–. Las murallas de Babilonia os protegerán a ti, a tu madre, a tu hermanito y al bebé. La buena reina Semiramis las hizo construir hace cien años para proteger a gente como tú. Vuelve y di a tu madre, a tu hermanito y al bebé que las murallas de Babilonia los protegerán y que no tienen de qué tener miedo.

Todos los días, el viejo Banzar permanecía en su puesto y observaba cómo los recién llegados subían a la pasarela y combatían hasta que, heridos o muertos, los tenían que bajar. A su alrededor, una muchedumbre de ciudadanos atemorizados y ansiosos quería saber si las murallas aguantarían. Él daba a todos la misma respuesta con la dignidad del viejo soldado:

—Las murallas de Babilonia os protegerán.

Durante tres semanas y cinco días continuó el ataque sin que cesara la violencia. La mandíbula de Banzar se crispaba más y más cada día, pues el paso, lleno de sangre de los numerosos heridos, se había convertido en un lodazal por el flujo incesante de hombres que subían y bajaban tambaleándose. Todos los días, los atacantes masacrados se amontonaban en pilas ante las murallas; todas las noches, sus camaradas se los llevaban y los enterraban.

La quinta noche de la última semana, el clamor disminuyó. Los primeros rayos de sol iluminaron la llanura, cubierta de grandes nubes de polvo que levantaban los ejércitos en retirada.

Un inmenso grito se alzó entre los defensores. No había duda sobre lo que quería decir. Fue repetido por las tropas que esperaban detrás de las murallas, por los ciudadanos en las calles. Barrió la ciudad con la violencia de una tempestad.

La gente salió precipitadamente de las casas, una muchedumbre delirante llenó las calles, los sentimientos de miedo reprimidos durante semanas se transformaron en un grito de alegría salvaje. De lo alto de la gran torre de Bel salieron las llamas de la victoria. Una columna de humo azul se alzó en el cielo para llevar bien lejos su mensaje.

Una vez más, las murallas de Babilonia habían repelido a un enemigo poderoso y feroz, dispuesto a saquear sus ricos tesoros y a dominar a sus ciudadanos y reducirlos a la esclavitud.

La ciudad de Babilonia sobrevivió varios siglos porque estaba completamente protegida. De otro modo, no lo habría conseguido.

Sus murallas ilustran bien las necesidades del hombre y su deseo de estar protegido. Este deseo es inherente a la raza humana. Hoy en día es tan fuerte como en la antigüedad, pero nosotros hemos desarrollado planes más amplios y mejores para llegar a este fin.

Hoy en día, apostados tras los muros inexpugnables de los seguros, de las cuentas bancarias y de las inversiones fiables, podemos protegernos de las tragedias inesperadas que pueden surgir en cualquier momento.

NO PODEMOS PERMITIRNOS VIVIR
SIN ESTAR PROTEGIDOS DE MANERA ADECUADA

8. El tratante de camellos de Babilonia

Cuanto más nos atenaza el hambre, más activo se vuelve nuestro cerebro y más sensibles nos volvemos al olor de los alimentos.

Tarkad, el hijo de Azure, ciertamente pensaba así. Tan sólo había comido dos pequeños higos de una rama que sobresalía del muro de un jardín, y no había podido coger más antes de que una enfadada mujer apareciera y lo echara. Sus gritos agudos aún resonaban en sus oídos cuando atravesó la plaza del mercado. Esos ruidos horribles le ayudaron a tener quietos los dedos, tentados siempre de coger alguna fruta de las cestas de las mujeres del mercado.

Nunca hasta entonces se había dado cuenta de la gran cantidad de comida que llegaba al mercado de Babilonia y de lo bien que olía. Tras dejar el mercado, atravesó la plaza en dirección a la posada, ante la que se paseó arriba y abajo. Tal vez encontrara a algún conocido que le pudiera dejar una moneda de cobre con la que podría pedir una copiosa comida y arrancar así una sonrisa al austero dueño de la posada. Si no tenía esa moneda, sabía muy bien que no sería bienvenido.

Distraído como estaba, se encontró, sin esperarlo, cara a cara con el hombre al que más deseaba evitar, Dabasir, el tratante de camellos de largo y huesudo cuerpo. De todos los amigos o conocidos a los que había pedido pequeñas sumas de dinero, Dabasir era el que lo hacía sentirse más molesto, pues no había cumplido la promesa de reembolsarle rápidamente lo debido.

El rostro de Dabasir se iluminó al ver a Tarkad:

—Ajá, Tarkad, justo a quien buscaba, tal vez pueda devolverme las dos monedas de cobre que le dejé hace una luna, y también la de plata que le había dejado anteriormente. ¡Qué suerte! Hoy mismo podré usar esas monedas. ¿Qué me dices de eso, muchacho?

Tarkad empezó a balbucear y enrojeció. Su estómago vacío no le ayudaba a tener la cara dura de discutir con Dabasir.

—Lo siento, lo siento mucho –murmuró débilmente–, pero hoy no tengo las dos monedas de cobre ni la de plata que te debo.

—Pues encuéntralas –insistió Dabasir–. Seguro que puedes encontrar un par de monedas de cobre y una de plata para pagar la generosidad de un viejo amigo de tu padre que te ha ayudado cuando te hacía falta.

—No te puedo pagar por culpa de la mala suerte.

—¿La mala suerte? ¿Culparás a los dioses de tu propia debilidad? La mala suerte persigue a los hombres que piensan más en pedir que en dejar. Muchacho, ven conmigo mientras como, tengo hambre y te quiero contar una historia.

Tarkad retrocedió ante la brutal franqueza de Dabasir, pero al menos era una invitación para entrar en un sitio donde se comía.

Dabasir lo empujó hasta un rincón de la sala donde se sentaron sobre unas pequeñas alfombras.

Cuando Kauskor, el propietario, apareció sonriente, Dabasir se dirigió a él con su habitual gran familiaridad:

—Lagarto del desierto, tráeme una pierna de cabra muy hecha y con mucha salsa, pan y muchas verduras, que tengo mucha hambre y necesito mucha comida. No olvides a mi amigo, tráele una jarra de agua, y que sea fresca, pues el día es caluroso.

El corazón de Tarkad parecía desfallecer. Se tenía que sentar allí a beber agua y ver cómo aquel hombre devoraba una pierna entera de cabra. No decía nada. No se le ocurría nada que decir.

En cambio, Dabasir no sabía lo que era el silencio, así que mientras sonreía y saludaba con la mano a todos los demás clientes, a los cuales conocía, continuó hablando:

—He oído decir a un viajero que acaba de llegar de Urfa que un hombre rico de allí posee una piedra tan fina que se puede ver a su través. La coloca en las ventanas de su casa para impedir que la lluvia entre. Por lo que me ha dicho el viajero, es amarilla y le permitieron mirar a través de ella de modo que el mundo exterior le pareció extraño y diferente de lo que es en realidad. ¿Tú que piensas, Tarkad? ¿Crees que un hombre puede ver el mundo de un color diferente del que tiene en realidad?

—No sabría decirlo –respondió el joven mucho más interesado por la pierna de cabra que estaba delante de Dabasir.

—Pues yo sé que es cierto, ya que he visto con mis propios ojos el mundo de un color diferente del que en realidad tiene, y la historia que te contaré relata cómo llegué a volverlo a ver de nuevo de su verdadero color.

—Dabasir va a contar una historia –murmuró alguien de una mesa vecina a su compañero, y acercó su alfombra hacia ellos. Los demás comensales cogieron su comida y se agruparon en un semicírculo. Comían ruidosamente al oído de Tarkad y lo tocaban con los huesos de la carne. Él era el único que no tenía comida. Dabasir no le propuso que compartiera con él la pierna de cabra ni le ofreció el trozo de pan duro que se había caído al suelo.

—La historia que te voy a contar –empezó Dabasir, haciendo una pausa para poder llevarse a la boca un buen trozo de carne– relata mi juventud y cómo llegué a ser tratante de camellos. ¿Alguno de vosotros sabe que yo fui en un tiempo esclavo en Asiria?

Un murmullo de sorpresa recorrió el auditorio y Dabasir lo escuchó con satisfacción.

—Cuando era joven –continuó Dabasir después de otro goloso ataque a la pierna de cabra–, aprendí el oficio de mi padre, la fabricación de sillas de montar. Trabajé con él en la tienda hasta que me casé. Como era joven e inexperto, ganaba poco, justo lo necesario para cubrir modestamente las necesidades de mi excelente esposa. Estaba ansioso de obtener buenas cosas que no me podía permitir. Rápidamente me di cuenta de que los propietarios de las tiendas me daban crédito aunque no pudiera pagarles a tiempo.

»Joven e inexperto, yo no sabía que el que gasta más de lo que gana siembra los vientos de la inútil indulgencia y cosecha tempestades de problemas y humillaciones. De este modo, sucumbí a los caprichos y, sin tener el dinero necesario, me compré bellas ropas y objetos de lujo para mi esposa y para nuestra casa.

»Fui pagando como pude, y durante un cierto tiempo todo fue bien. Pero un día descubrí que con lo que ganaba no tenía suficiente para saldar mis deudas y vivir. Mis acreedores empezaron a perseguirme para que pagara mis extravagantes compras y mi vida se volvió miserable. Pedía prestado a mis amigos, pero tampoco se lo podía devolver; las cosas iban de mal en peor. Mi mujer volvió con su padre y yo decidí irme de Babilonia a otra ciudad donde un joven pudiera tener más oportunidades.

»Durante dos años conocí una vida agitada y sin éxitos, siempre viajando con las caravanas de los mercaderes. Después pasé a un grupo de simpáticos ladrones que recorrían el desierto en busca de caravanas no armadas. Tales acciones no eran dignas del hijo de mi padre, pero veía el mundo a través de una piedra coloreada y no me daba cuenta de hasta qué punto me había degradado.

»Tuvimos éxito en nuestro primer viaje al capturar un rico cargamento de oro, seda y mercancías de gran valor. Llevamos este botín a Ginir y allí lo derrochamos.

»La segunda vez no tuvimos tanta suerte. Después de haber efectuado el robo, fuimos atacados por los guerreros de un jefe indígena al que pagaban las caravanas para que las protegiera. Mataron a nuestros dos jefes y los que quedamos fuimos llevados a Damasco, despojados de nuestras ropas y vendidos como esclavos.

»Yo fui comprado por dos monedas de plata por un jefe del desierto sirio. Con los cabellos rapados y vestido solamente con algunos trozos de tela, no era diferente de los otros esclavos. Como yo era un joven despreocupado, pensaba que aquello no era más que una aventura hasta que mi amo me llevó ante sus cuatro mujeres y me dijo que me tendrían como eunuco.

»Entonces entendí de verdad mi situación. Esos hombres del desierto eran salvajes y guerreros, yo estaba sujeto a su voluntad, desprovisto de armas y sin esperanza de escapar.

»Estaba de pie, espantado por las cuatro mujeres que me examinaban. Me preguntaba si podría esperar alguna compasión de su parte. Sira, la primera mujer, era más vieja que las otras y me miraba impasible. Me aparté de ella sin esperar nada de su parte; la siguiente, de una belleza despreciativa, me miraba con tanta indiferencia como si fuera un gusano en la tierra. Las dos más jóvenes reían como si aquello fuese una broma divertida.

»El tiempo que esperé su veredicto me pareció un siglo. Cada una parecía dejar la decisión final a las demás, hasta que finalmente, Sira habló con una voz gélida: "Tenemos muchos eunucos, pero sólo unos pocos guardianes de camellos, y encima no sirven para nada. Hoy mismo he de ir a ver a mi madre enferma y no tengo ningún esclavo en el que pueda confiar para que se ocupe de mi camello. Pregunta a este esclavo si sabe conducir uno".

»Entonces mi amo me preguntó: "¿Qué sabes de camellos?". Luchando por esconder mi entusiasmo, respondí: "Sé hacer que se arrodillen, sé cargarlos y sé conducirlos durante largos viajes sin cansarme. Y si es necesario, puedo reparar sus arneses".

»"El esclavo sabe bastante", observó mi amo. "Sira, si ese es tu deseo, haz de este hombre tu camellero".

»Así fui entregado a Sira y ese mismo día la conduje tras un largo viaje en camello al lado de su madre enferma. Aproveché la ocasión para agradecerle su intervención y para decirle que no era esclavo de nacimiento, sino hijo de un hombre libre, un honorable fabricante de sillas de Babilonia. También le conté mi historia. Sus comentarios me desconcertaron, y más tarde reflexioné largamente sobre lo que me había dicho.

»"¿Cómo puedes llamarte a ti mismo hombre libre", me dijo, "cuando tu debilidad te ha llevado a esta situación? Si un hombre tiene alma de esclavo, ¿no se convertirá en uno, sin importar su cuna, del mismo modo que el agua busca su nivel? Y si alguien tiene alma de hombre libre, ¿no se hará respetar y honrar en su ciudad aunque no lo haya acompañado la suerte?".

»Durante un año fui esclavo y viví con esclavos, pero no podía convertirme en uno de ellos. Un día Sira me preguntó: "¿Por qué te quedas solo en tu tienda por la noche mientras los otros esclavos se juntan en agradable compañía?".

»A ello respondí: "Pensé en lo que me dijisteis. Me pregunté si tenía alma de esclavo. No puedo unirme a ellos, por eso me mantengo al margen".

»"Yo también me mantengo al margen", me confió. "Yo tenía una gran dote, por eso mi señor se casó conmigo. Pero no me desea y lo que toda mujer quiere más ardientemente es ser deseada. Por eso, y porque soy estéril y no tengo hijos, me he de mantener al margen. Si yo fuera un hombre, preferiría la muerte antes de ser esclavo, pero las leyes de nuestra tribu hacen de las mujeres esclavas".

»"¿Qué pensáis de mí ahora, que tengo alma de hombre libre o de esclavo?", le pregunté de repente.

»"¿Quieres devolver las deudas que contrajiste en Babilonia?", me preguntó ella.

»"Sí que lo quiero, pero no veo cómo podría hacerlo".

»"Si dejas que los años pasen sin preocuparte y sin hacer esfuerzo alguno para devolver ese dinero, entonces tienes alma de esclavo. No puede ser de otro modo si un hombre no se respeta a sí mismo y nadie se puede respetar si no paga las deudas que ha contraído".

»"¿Pero qué puedo hacer si soy esclavo en Siria?".

»"Sé esclavo en Siria ya que eres un ser débil".

»"No soy un ser débil", repliqué.

»"Entonces, pruébalo".

»"¿Cómo?".

»"¿Acaso tu rey no combate a sus enemigos con todas las fuerzas que tiene y de todas las maneras que puede? Tus deudas son tus enemigos, que te hicieron huir de Babilonia. Dejaste que se acumularan y se hicieron demasiado grandes para ti. Si las hubieras combatido como un hombre, las habrías vencido y hubieras sido una persona honrada por las gentes de tu ciudad. Pero no tuviste valor para hacerlo y mírate: tu orgullo te ha abandonado y has ido de desgracia en desgracia hasta que has llegado a ser esclavo en Siria".

»Pensé mucho en estas desagradables acusaciones y concebí diversas teorías exculpatorias para probarme que en mi fuero interno no era un esclavo, pero no tuve oportunidad de utilizarlas. Tres días más tarde, la sirvienta de Sira vino a buscarme para conducirme ante mi ama.

»"Mi madre vuelve a estar muy enferma", dijo Sira. "Unce los dos mejores camellos de mi marido, átales odres llenas de agua y carga las alforjas para un largo viaje. La criada te dará la comida en la tienda de cocina". Cargué los camellos preguntándome la razón de tanta comida que me daba la criada, pues la casa de la madre de mi ama estaba a menos de una jornada de viaje. La sirvienta montó en el segundo camello y yo conduje el de Sira. Cuando llegamos a la casa de su madre, empezaba a hacerse de noche. Sira despidió a la criada y me dijo: "Dabasir, ¿tienes alma de hombre libre o de esclavo?".

»"Alma de hombre libre", respondí.

»"Ahora tienes la oportunidad de probarlo. Tu amo ha bebido mucho y sus hombres están embotados. Coge los camellos y huye. En ese saco tienes vestidos de tu amo para disfrazarte. Yo diré que has robado los camellos y que has huido mientras visitaba a mi madre enferma".

»"Tenéis alma de reina", le dije. "Me gustaría poder haceros feliz".

»"No espera la felicidad a la mujer que huye de su marido para buscarla en tierras lejanas entre extranjeros. Toma tu propio camino y que te protejan los dioses del desierto, pues la ruta es larga, sin comida ni agua".

»No tuve necesidad de que me lo dijeran dos veces; se lo agradecí calurosamente y me fui en medio de la noche. No conocía aquel extraño país y sólo tenía una pequeña idea de la dirección que había de seguir para llegar a Babilonia, pero me adentré valientemente en el desierto hacia las colinas. Iba montado en un camello y conducía al otro. Viajé durante toda la noche y el día siguiente lleno de ansiedad, pues sabía la suerte que estaba reservada a los esclavos que robaban la propiedad de sus amos e intentaban escapar.

»Hacia el final de la tarde, llegué a un país árido, tan inhabitable como el desierto. Las agudas piedras herían las patas de mis fieles camellos, que lentamente y con gran esfuerzo elegían la ruta. No encontré hombre ni bestia y pude comprender con facilidad por qué evitaban aquella tierra inhóspita.

»A partir de entonces, el viaje fue como pocos hombres pueden contar haber tenido. Día tras día, avanzamos lentamente.

»Ya no nos quedaba agua ni comida. El calor del sol era despiadado. Al final del noveno día, resbalé de mi montura con el sentimiento de que estaba demasiado débil para volver a montar y que con toda seguridad moriría en aquel país deshabitado.

»Me tendí en el suelo y dormí. Sólo me desperté con las primeras luces del alba.

»Me senté y miré a mi alrededor. Sentí un nuevo frescor en el aire de la mañana, mis camellos estaban tumbados cerca de allí y ante mí se extendía un vasto país cubierto de rocas y arena. Nada indicaba que hubiera algo que pudieran beber o comer un hombre o un camello.

»¿Debería enfrentarme a mi final en aquella tranquila paz? Mi mente estaba más clara de lo que lo había estado nunca. Mi cuerpo parecía no tener ya importancia. Con los labios resecos y sangrantes, la lengua áspera e inflada, el estómago vacío, ya no sentía el molesto dolor del día anterior.

»Miré la inmensidad descorazonadora del desierto y una vez más me pregunté: "¿Tengo alma de hombre libre o de esclavo?". Y entonces, con la rapidez del rayo comprendí que si tenía alma de esclavo me tumbaría en la arena y moriría, un final digno de un esclavo fugitivo.

»Pero si tenía alma de hombre libre, ¿qué sucedería? Debería encontrar el camino hacia Babilonia, devolver el dinero a los que habían confiado en mí, hacer feliz a mi mujer, que me amaba de verdad, y llevar la paz y la satisfacción a mis padres.

»"Tus deudas son tus enemigos y te han hecho huir de Babilonia", había dicho Sira. Sí, era cierto, ¿por qué no me había mantenido firme como un hombre? ¿Por qué había permitido que mi mujer volviera con su padre?

»Entonces algo extraño ocurrió. El mundo entero me pareció ser de un color diferente, como si hasta ese momento lo hubiera visto a través de una piedra coloreada que de repente hubiera desaparecido. Por fin comprendí cuáles eran los verdaderos valores de la vida.

»¡Morir en el desierto! ¡Jamás! Gracias a una nueva visión se me aparecieron todas las cosas que tenía que hacer. Primero, volvería a Babilonia y daría la cara ante todos con los que había contraído deudas. Les diría que tras años de errar y de desgracias, había vuelto para pagar mis deudas tan rápido como me lo permitieran los dioses. Después construiría un hogar para mi mujer y me convertiría en un ciudadano del que mis padres estarían orgullosos.

»Mis deudas son mis enemigos, pero los hombres que me han prestado dinero son mis amigos, pues han tenido confianza y han creído en mí.

»Me tambaleaba sobre mis piernas debilitadas. ¿Qué importaba el hambre? ¿Qué importaba la sed? Sólo eran obstáculos en el camino de Babilonia. Surgía en mí el alma de un hombre nuevo que iba a conquistar a sus enemigos y a recompensar a sus amigos. Me estremecí ante la idea de mi gran proyecto.

»Los vidriosos ojos de los camellos se iluminaron de nuevo al oír mi voz ronca. Se levantaron con gran esfuerzo, después de varios intentos. Con una conmovedora perseverancia, se dirigieron hacia el norte, donde algo me decía que hallaríamos Babilonia.

»Conseguimos agua, atravesamos un país fértil donde crecían la hierba y los frutales. Encontramos el camino de Babilonia porque el alma de un hombre libre mira la vida como una serie de problemas que debe resolver, y los resuelve, mientras que el alma de un esclavo gimotea: "¿Qué puedo hacer yo, que sólo soy un esclavo?".

»¿Y a ti, Tarkad? ¿El estómago vacío hace que tu mente sea más clara? ¿Ya has tomado el camino que lleva hacia el respeto a ti mismo? ¿Ves el mundo de su verdadero color? ¿Deseas pagar tus deudas justas, sean las que sean, y convertirte en un hombre respetado en Babilonia?

Las lágrimas acudieron a los ojos del joven, que se arrodilló rápidamente.

—Me has mostrado el camino –dijo–; ahora sé cómo encontrar en mi interior el alma del hombre libre.

—¿Pero qué pasó cuando regresaste? –preguntó un oyente interesado.

—*Cuando se está decidido, se encuentran los medios* –respondió Dabasir–. Yo estaba decidido, por eso me puse en camino para encontrar los medios. Primero visité a todos los hombres con los que tenía una deuda y les supliqué que fueran indulgentes hasta que pudiera ganar el dinero con el que les pagaría. La mayoría me acogieron con alegría, algunos me insultaron, pero otros me ofrecieron su ayuda. Uno de ellos me dio justo la ayuda que necesitaba. Fue Maton, el prestamista de oro. Al saber que había sido camellero en Siria, me envió a ver al viejo Nebatur, el tratante de camellos al que nuestro buen rey había encargado que comprara varias manadas de camellos para una gran expedición. Con él puse en práctica mis conocimientos sobre camellos y poco a poco pude ir devolviendo cada moneda de cobre o de plata, de manera que al final pude caminar con la cabeza bien alta y sentir que era un hombre honorable entre los hombres.

Dabasir se inclinó de nuevo sobre su comida.

—¡Eh, Kauskor, caracol! –gritó lo bastante fuerte para que le oyeran en la cocina–, la comida está fría. Tráeme más carne recién asada. Dale también un buen trozo a Tarkad, el hijo de mi viejo amigo, que tiene hambre y que comerá conmigo.

Así se acabó la historia de Dabasir, el tratante de camellos de la antigua Babilonia. Encontró su camino cuando entendió una gran verdad que ya habían descubierto y aplicado hombres sabios desde mucho antes de esa época.

Esa verdad había ayudado a muchos hombres a superar las dificultades y a llegar al éxito, y seguiría haciéndolo a todos los que comprendieran su fuerza mágica. Cualquiera que lea estas líneas la poseerá.

CUANDO SE ESTÁ DECIDIDO,
SE ENCUENTRAN LOS MEDIOS

9. Las tablillas de barro de Babilonia

St. Swithin's College
Nottingan University
Newark-on-Trent
Nottingham

21 de octubre de 1934

Sr. Profesor Franklin Caldwell
Expedición Científica Británica
Hillah, Mesopotamia

Querido profesor:

Las cinco tablillas de barro que desenterró durante sus recientes excavaciones en las ruinas de Babilonia han llegado en el mismo barco que su carta. Me han fascinado y he pasado numerosas y agradables horas traduciendo sus inscripciones. Tendría que haber contestado su carta con más celeridad, pero he esperado hasta haber completado las traducciones adjuntas.

Las tablillas han llegado a su destino sin daño gracias al excelente embalaje y al uso juicioso de sistemas de conservación.

Quedará tan asombrado de la historia que relatan como nosotros, los del laboratorio. Uno espera que un pasado tan lejano y oscuro esté lleno de romance y aventura, ya sabe, algo así como *Las mil y una noche*, y luego se da cuenta de que los problemas del mundo antiguo, de hace cinco mil años, no son tan diferentes a los de ahora, como se puede constatar con la lectura de estos textos que cuentan las dificultades que encontró un personaje llamado Dabasir para pagar sus deudas.

¿Sabe? Es curioso, pero, como dicen mis estudiantes, estas viejas inscripciones me pillan fuera de juego. Como profesor de universidad, se supone que soy una persona que piensa y que tiene conocimientos sobre la mayoría de los temas. Y ahora llega un individuo salido de las polvorientas ruinas de Babilonia que nos da un método del que nunca había oído hablar para pagar las deudas al tiempo que consigues más dinero para tu cartera.

Debo decir que ésta es una idea que me gusta, y sería interesante probar si funciona igual de bien en nuestros días que en la antigua Babilonia. Mi mujer y yo proyectamos aplicarla a las cuestiones económicas que, en nuestro caso, necesitan evidentes mejoras.

Le deseo la mejor de las suertes en su digna empresa y espero con impaciencia una nueva ocasión de ayudarlo.

Suyo afectísimo
Alfred H. Shrewsbury
Departamento de Arqueología

Tablilla n.° 1

Esta noche de luna llena, yo, Dabasir, que acabo de salir de la esclavitud en Siria, decidido a pagar todas mis deudas y convertirme en un hombre rico y digno del respeto en mi ciudad natal de Babilonia, grabo en barro este informe permanente de mis negocios para que me guíe y me ayude a cumplir mis mayores deseos.

Siguiendo el consejo de mi sabio amigo Maton, el prestamista de oro, me he decidido a aplicar el plan preciso que, por lo visto, permite a los hombres honorables liberarse de sus deudas y vivir en la riqueza y en el respeto a sí mismos. Este plan incluye tres objetivos que son mi esperanza y mi deseo.

Primero, el plan me permitirá gozar de una cierta prosperidad.

Así, guardaré la décima parte de lo que gane y será un bien que conservaré. Maton habla sabiamente cuando dice:

—El hombre que guarda en su bolsa el oro que no necesita gastar es bueno con su familia y leal a su rey.

»El hombre que sólo tiene unas cuantas monedas de cobre en su bolsa es insensible respecto a su familia y a su rey.

»Pero el hombre que no tiene nada en su bolsa es cruel con su familia y desleal a su rey, pues su corazón es amargo.

»El hombre que desea triunfar debe tener dinero en su bolsa para poderlo hacer tintinear, y en su corazón amor a su familia y lealtad para con su rey.

En segundo lugar, el plan prevé que cubra mis necesidades y las de mi buena esposa, que ha vuelto lealmente conmigo de casa de su padre. Maton dice que quien cuida a una fiel esposa tiene el corazón lleno de respeto a sí mismo y gana fuerza y determinación para sus proyectos. De manera que usaré siete décimos de lo que gane para comprar una casa, ropas, comida y una cantidad que dedicaremos a otros gastos para que nuestras vidas no estén exentas de placeres y satisfacciones. Pero Maton me ha recomendado que cuide de no gastar en estos honorables conceptos más que los siete décimos de lo que gano. El éxito del plan reposa en esta recomendación; hemos de vivir con esa porción y nunca tomar o comprar más de lo que podamos pagar con ella.

Tablilla n.° 2

En tercer lugar, el plan prevé que pague mis deudas con lo que gane.

Cada luna, las dos décimas partes de mis ganancias serán divididas justa y honorablemente entre todos los que, habiendo confiado en mí, me han dejado dinero. Así llegará el momento en que todas mis deudas serán liquidadas.

Para dar fe de ello, grabo aquí el nombre de todos los hombres con los que estoy en deuda y la cantidad justa de lo que les debo.

Farhu el tejedor, 2 monedas de plata, 6 de cobre.

Sinjar el fabricante de colchones, 1 moneda de plata.

Ahmar, mi amigo, 4 monedas de plata, 7 de cobre.

Akamir, mi amigo, 1 moneda de plata, 3 de cobre.

Diebeker, amigo de mi padre, 4 monedas de plata, 1 de cobre.

Alkahad, el dueño de la casa, 14 monedas de plata.

Maton el prestamista de oro, 9 monedas de plata.

Birejik el agricultor, 1 moneda de plata, 7 de cobre. (A partir de aquí la placa está gastada, por lo que el texto resulta indescifrable).

Tablilla n.° 3

Debo a todos estos acreedores la suma de diecinueve monedas de plata y ciento cuarenta y una de cobre. Como debía estas sumas y no veía manera alguna de pagarlas, en mi locura, permití que mi mujer volviera a la casa de su padre y abandoné mi ciudad natal buscando en otro lugar un bienestar fácil, para sólo encontrar el desastre y ser vendido vergonzosamente como esclavo.

Ahora que Maton me ha enseñado cómo puedo ir devolviendo mis deudas en pequeñas cantidades que tomaré de lo que gane, comprendo hasta qué punto estaba loco cuando escapé de las consecuencias de mi extravagancia. He visitado a mis acreedores y les he explicado que no tenía recursos para pagarles salvo mi capacidad de trabajar, y que tenía la intención de dedicar dos décimas partes de lo que ganara para liquidar mis deudas de modo justo y honorable, que no podía pagar más que eso y que si eran pacientes, llegaría un día en que habría cumplido enteramente las obligaciones contraídas.

Ahmar, a quien creía mi mejor amigo, me insultó duramente y me fui de su casa humillado; Bijerik, el agricultor, pidió ser el primero en cobrar, pues tenía gran necesidad de ayuda. Alkahad, el propietario de la casa, me advirtió de que si no arreglaba mi cuenta bien pronto, me causaría problemas.

Todos los demás aceptaron gustosos mi proposición y ahora estoy más decidido que nunca a pagar mis justas deudas, pues me he convencido de que es más fácil pagarlas que evitarlas.

Trataré con imparcialidad a todos mis acreedores, aunque no pueda satisfacer las necesidades y demandas de algunos de ellos.

Tablilla n.° 4

Vuelve a ser luna llena. He trabajado duro y con la mente liberada. Mi buena esposa me ha apoyado en el proyecto de pagar a mis acreedores. Gracias a nuestra sabia decisión, durante la pasada luna he ganado la suma de diecinueve monedas de plata comprando unos robustos camellos para Nebatur.

Las he repartido según el plan. He guardado una décima parte para ahorrarla, he compartido siete décimos con mi buena esposa para nuestras necesidades y las dos décimas partes restantes las he dividido en monedas de cobre entre mis acreedores de manera tan ecuánime como he podido.

No he visto a Ahmar, pero he dado las monedas de cobre a su mujer. Bijerik estaba tan contento que me habría besado la mano. Tan sólo el viejo Alkahad ha gruñido y me ha dicho que le debía pagar más rápido, a lo que he replicado que sólo podría pagarle si estaba bien alimentado y tranquilo. Todos los demás me han dado las gracias y han alabado mis esfuerzos.

De este modo, mi deuda se ha reducido en cuatro monedas de plata en una luna y ahora poseo casi dos monedas más, que nadie puede reclamarme. Me siento más ligero de lo que lo había estado en mucho tiempo.

La luna llena brilla una vez más. He trabajado duro pero con escasos resultados, sólo he podido comprar unos pocos camellos y he ganado once monedas de plata. Sin embargo, mi mujer y yo nos hemos atenido al plan, aunque no nos hayamos comprado nuevos vestidos y sólo hayamos comido un poco de sémola. He vuelto a guardar la décima parte y hemos vivido con las siete décimas. Me he sorprendido cuando Ahmar ha alabado mi pago aunque era pequeño, lo mismo que Birejik. Alkahad se ha enfadado, pero cuando le he dicho que me devolviera su parte si no la quería, la ha aceptado. Los otros han estado contentos, como anteriormente.

Vuelve a brillar la luna llena y mi alegría es grande. Descubrí una buena manada de camellos y compré algunos robustos; mis ganancias han sido de cuarenta y dos monedas de plata. Esta luna, mi mujer y yo nos hemos comprado sandalias y ropas que necesitábamos ya hace tiempo. También hemos comido carne y aves.

Hemos pagado más de ocho monedas de plata a nuestros acreedores, así que ni Alkahad ha protestado.

El plan es formidable, nos libera de las deudas y nos permite crear un tesoro que es sólo nuestro.

Empecé a grabar esta tablilla hace ya tres lunas; en cada una de ellas me he quedado con una décima parte de lo que había ganado; en cada una, mi buena esposa y yo hemos vivido con las siete décimas partes, incluso cuando resultaba difícil; en cada una, he pagado a mis acreedores las dos décimas partes de lo ganado.

Ahora guardo en mi bolsa veintiuna moneda de plata que son mías. Eso me permite andar con la cabeza alta y caminar con orgullo junto a mis amigos.

Mi mujer puede cuidar bien de la casa y va bien vestida. Somos felices de vivir juntos.

Este plan tiene un inmenso valor. ¿No ha hecho de un antiguo esclavo un hombre honorable?

Tablilla n.º 5

Brilla de nuevo la luna llena y recuerdo que ya hace mucho tiempo que grabé mi primera tablilla. Ya hace doce lunas, pero no por eso desatenderé el informe, ya que hoy mismo he pagado mi última deuda. Hoy es el día en que mi buena esposa y yo festejamos el triunfo que nos ha proporcionado nuestra decisión.

Durante mi última visita a mis acreedores ocurrieron algunas cosas de las que me acordaré durante mucho tiempo. Ahmar me suplicó que perdonara sus feas palabras y me dijo que era una de las personas con quien más deseaba tener amistad.

Después de todo, el viejo Alkahad no es tan malo, pues me dijo:

—Antes eras como un trozo de barro blando que podía ser apretado y moldeado por cualquier mano, pero ahora eres como una moneda de cobre que se puede sostener sobre su canto. Si necesitas plata u oro, ven a verme en cualquier momento.

No es el único que me respeta, muchos otros me hablan con deferencia. Mi buena esposa me mira con aquel brillo en los ojos que hace que un hombre se sienta confiado.

Pero ha sido el plan el que me ha dado el éxito. Me ha hecho capaz de devolver el dinero de mis deudas y ha conseguido que el oro y la plata tintineen en mi bolsa. Lo recomiendo a los que quieran prosperar, pues, si ha conseguido que un esclavo pagara sus deudas, ¿no ayudará a un hombre a encontrar su libertad? Yo mismo no lo he abandonado nunca, pues estoy convencido de que, si lo sigo, me hará un hombre rico entre los hombres.

St. Swithin's College
Nottingan University
Newark-on-Trent
Nottingham

7 de noviembre de 1936

Sr. Profesor Franklin Caldwell
Expedición Científica Británica
Hillah, Mesopotamia

Querido profesor:

Si en el transcurso de sus próximas excavaciones en las ruinas de Babilonia encuentra el fantasma de un viejo ciudadano, un tratante de camellos llamado Dabasir, hágame un favor:

dígale que aquellos galimatías que escribió en unas tablillas de barro hace ya mucho tiempo le han valido la gratitud eterna de ciertas personas de una facultad universitaria de Inglaterra.

Seguramente se acordará usted de mi carta de hace un año en la que le decía que mi mujer y yo teníamos la intención de seguir su plan para liberarnos de nuestras deudas y, al mismo tiempo, tener algo de dinero en nuestros bolsillos. Habrá adivinado que estas deudas nos avergonzaban desesperadamente por mucho que las intentáramos esconder a nuestros amigos.

Durante años nos sentimos terriblemente humillados por ciertas deudas e intranquilos hasta la enfermedad por miedo de que algún comerciante desatara un escándalo que con toda seguridad nos habría obligado a dejar la universidad. Gastábamos cada chelín de nuestros ingresos, que apenas era suficiente para mantenernos a flote. Nos vimos obligados a ir a comprar allí donde nos dieran crédito, sin importarnos si los precios eran más elevados.

La situación fue empeorando en un círculo vicioso que se agravó en vez de mejorar. Nuestros esfuerzos se hicieron desesperados; no podíamos mudarnos a un sitio más barato porque aún debíamos varios meses de alquiler al propietario. Parecía que no podríamos hacer nada para mejorar nuestra situación.

Entonces apareció su nuevo amigo, el viejo tratante de camellos de Babilonia, con un plan capaz de realizar justo lo que nosotros deseábamos cumplir. Nos animó amablemente a seguir su sistema. Hicimos una lista de todas las deudas que teníamos y se la mostré a todos nuestros acreedores.

Les expliqué que, tal como iban las cosa, era imposible que les pagara. Ellos mismos podían constatarlo mirando los números. Entonces les dije que la única manera que yo veía de poderles pagar todo era apartando el veinte por ciento de mis ingresos mensuales, dividiéndolo equitativamente entre ellos y que de este modo les devolvería lo que les debía en algo más de dos años. Durante ese tiempo, haríamos todas nuestras compras al contado.

Todos fueron verdaderamente correctos. Nuestro tendero, un viejo razonable, aceptó esta manera de pagarle la deuda, pues no le habíamos pagado nada desde hacía tres años:

—Si pagan al contado todo lo que compran y van pagando lo que deben poco a poco es mejor que si no me pagan nada.

Finalmente guardé en lugar seguro una lista con sus nombres y una carta en la que, de mutuo acuerdo, se comprometían a no importunarnos mientras fuéramos desembolsando el veinte por ciento de nuestros ingresos. Comenzamos a trazar planes para idear cómo vivir con el setenta por ciento de lo que ganábamos. Y estábamos decididos a ahorrar el diez por ciento restante para hacerlo tintinear en nuestras bolsas; la idea de la plata, y posiblemente la del oro, eran de las más seductoras.

Este cambio en nuestra vida fue toda una aventura, aprendimos a disfrutar calculando y evaluando cómo vivir cómodamente con el setenta por ciento que nos quedaba. Empezamos por el alquiler y nos arreglamos para obtener un buen descuento. Después examinamos nuestras marcas favoritas de té y otros productos, y quedamos agradablemente sorprendidos al ver que podíamos encontrar mejor calidad a más bajo precio. Es demasiado largo para contarlo por carta pero, de todos modos, no ha resultado ser tan difícil. Nos acomodamos a esta nueva situación con el mejor de los ánimos. ¡Qué alivio fue comprobar que nuestros asuntos económicos ya no se encontraban en un estado que nos hiciera sufrir por las viejas cuentas impagadas!

No obstante, no olvidaré hablarle del diez por ciento que estábamos obligados a hacer sonar en nuestras bolsas. Pues bien, sólo lo hicimos sonar durante un cierto tiempo, no demasiado. ¿Sabe? Esa es la parte divertida, es fantástico comenzar a acumular dinero que uno no quiere gastar, se siente más placer gestionando una cantidad así que gastándola.

Después de haberla hecho sonar para nuestro solaz, le encontramos una utilidad más provechosa: elegimos un plan de inversiones que podíamos pagar con este diez por ciento todos los meses. Esta decisión se ha demostrado como la más satisfactoria de nuestra regeneración y es lo primero que pagamos con mi sueldo.

Saber que nuestros ahorros crecen sin cesar es un sentimiento de lo más gratificante. De aquí hasta que se acabe mi carrera académica, estos ahorros deberán constituir una suma suficiente para que sus rentas nos basten a partir de ese momento.

Y todo con el mismo salario. Difícil de creer, pero cierto. Pagamos nuestras deudas gradualmente al mismo tiempo que nuestros ahorros aumentan. Además, ahora nos arreglamos mejor que antes en el terreno económico. ¿Quién habría dicho que había tanta diferencia entre seguir un plan y dejarse llevar?

A finales del año que viene, cuando hayamos pagado todas nuestras facturas, podremos invertir más y ahorrar para poder viajar. Estamos decididos a que nuestros gastos corrientes no superen el setenta por ciento de nuestros ingresos.

Ahora puede usted entender por qué nos gustaría expresar nuestro agradecimiento personal a ese individuo cuyo plan nos ha salvado de ese 'infierno en la tierra'. Él lo conocía, había pasado por todo eso y quería que otros sacaran provecho de sus amargas experiencias. Por ello pasó fastidiosas horas grabando su mensaje en la arcilla.

Tenía un mensaje auténtico para entregar a sus compañeros de sufrimientos, un mensaje tan importante que, al cabo de cinco mil años, ha salido de las ruinas de Babilonia tan vivo y verdadero como el día en que fue enterrado.

Suyo afectísimo
Alfred H. Shrewsbury
Departamento de Arqueología

10. El hombre más afortunado de Babilonia

Sharru Nada, el príncipe mercader de Babilonia, avanzaba orgulloso a la cabeza de su caravana. Le gustaban los tejidos finos y llevaba ropas caras y favorecedoras. Le gustaban los animales de raza y montaba con agilidad en su semental árabe. Era difícil adivinar su avanzada edad al mirarlo. Ciertamente, nadie habría podido sospechar que estaba atormentado en su interior.

El viaje a Damasco había sido largo y las dificultades numerosas. No le preocupaba. Las tribus árabes eran feroces y estaban ávidas de saquear sus ricas caravanas, pero no tenía miedo porque sus numerosas tropas de guardia le aseguraban una buena protección.

Estaba trastornado por la presencia de aquel joven que traía a su lado desde Damasco. Era Hadan Gula, el nieto de su socio de hacía años, Arad Gula, a quien debía una eterna gratitud. Quería hacer alguna cosa por su nieto, pero cuanto más pensaba en ello, más difícil le parecía, precisamente a causa del joven.

"Cree que las joyas son adecuadas para los hombres", pensó mirando los anillos y pendientes del joven, "y sin embargo tiene el rostro enérgico de su abuelo, aunque él no llevaba ropas de colores tan llamativos. Lo he invitado a venir conmigo esperando poderle ayudar a hacerse una fortuna y a huir del derroche con que su padre ha gastado su herencia".

Hadan Gula puso fin a sus reflexiones:

—¿Para qué trabajáis tan duramente, siempre de un lado a otro con vuestra caravana haciendo largos viajes? ¿Nunca os tomáis un tiempo para gozar de la vida?

—¿Gozar de la vida? –repitió sonriendo Sharru Nada–. ¿Qué harías tú para gozar de la vida si fueras Sharru Nada?

—Si tuviera una fortuna como la vuestra viviría como un príncipe. Nunca atravesaría el desierto, gastaría los shekeles tan rápido como cayeran a mi bolsa, llevaría las ropas más caras y las joyas más raras. Esa sería una vida de mi agrado, una vida que merecería la pena de ser vivida –los dos hombres rieron.

—Tu abuelo no llevaba joyas –Sharru Nada había hablado sin pensar; luego continuó en tono de broma–: ¿Y no dejarías un tiempo para trabajar?

—El trabajo está hecho para los esclavos –respondió Hadan Gula.

Sharru Nada se mordió los labios, pero no respondió; condujo en silencio hasta que el camino los llevó a una cuesta. Allí frenó su montura y señaló hacia el lejano valle verde.

—Mira, allí está el valle; mira más lejos y podrás ver las murallas de Babilonia. La torre es el templo de Bel. Si tu vista es aguda, podrás incluso ver el humo del fuego eterno en lo más alto.

—¿Así que eso es Babilonia? Siempre he deseado ardientemente ver la ciudad más rica del mundo –comento Hadan Gula–. Allí donde mi abuelo empezó a levantar su fortuna. Si todavía estuviera vivo, no estaríamos ahora dolorosamente oprimidos.

—¿Por qué deseas que su espíritu permanezca en la tierra más allá del tiempo que le correspondía? Tú y tu padre podéis culminar su trabajo.

—Desgraciadamente, ninguno de los dos tenemos sus dones. Mi padre y yo no conocemos el secreto para atraer los shekeles de oro.

Sharru Nada no respondió, pero aflojó las bridas de su montura y bajó, pensativo, por el sendero que llevaba al valle. La caravana los seguía envuelta en una nube roja de polvo. Más tarde llegaron al camino real y tomando rumbo hacia el sur, atravesaron tierras de regadío.

Tres viejos que trabajaban en un campo llamaron la atención de Sharru Nada. Le parecían extrañamente familiares, ¡qué ridículo! No se pasa después de cuarenta años por un campo y se encuentra con los mismos labradores. Sin embargo, algo le decía que eran los mismos. Uno de ellos sostenía débilmente el arado; los otros dos se esforzaban al lado de los bueyes pegándoles en vano para que continuaran avanzando.

Cuarenta años antes, él había envidiado a esos hombres, ¡qué gustoso habría cambiado con ellos de lugar! Pero ahora qué diferencia. Se volvió para mirar su caravana con orgullo, sus camellos y asnos bien elegidos y pesadamente cargados de mercancías valiosas provenientes de Damasco. Todos aquellos bienes menos uno le pertenecían.

Señaló a los labradores diciendo:

—Aran el mismo campo desde hace cuarenta años.

—Se deben parecer. ¿Qué os hace pensar que son los mismos?

—Ya los había visto aquí –respondió Sharru Nada.

Los recuerdos recorrieron rápidamente su pensamiento. ¿Por qué no podía vivir en el presente y enterrar el pasado? Vio entonces, como en una imagen, la cara sonriente de Arad Gula. La barrera entre él y aquel joven cínico que iba a su lado cayó.

Pero ¿cómo podía ayudar a un joven soberbio con ideas derrochadoras y las manos cubiertas de joyas? Podía ofrecer trabajo en abundancia a hombres dispuestos a trabajar, pero no a los que consideraban que el trabajo era indigno de ellos. Sin embargo, debía a Arad Gula algo más concreto que un intento a medias. Arad Gula y él nunca habían hecho las cosas de esa manera; ellos no eran así.

Se le ocurrió un plan de manera repentina. No sería fácil. Debía considerar a su familia y su propio estatus. Sería cruel, haría daño. Pero como era un hombre de decisiones rápidas, abandonó sus objeciones y se determinó a actuar:

—¿Te gustaría saber cómo tu abuelo y yo formamos una sociedad que resultó ser tan ventajosa?

—¿Por qué no me cuentas sólo cómo conseguiste los shekeles de oro? Eso es lo único que necesito saber –replicó el joven.

—Comencemos por los hombres que están arando –continuó Sharru Nada ignorando su respuesta–. Yo no era más viejo que tú. Cuando la columna de hombres de la que yo formaba parte se acercaba a ellos, Megido, el agricultor, se burló de la manera en que labraban. Megido estaba encadenado a mi lado. "Mira a esos tipos perezosos", protestó. "El que aguanta el arado no hace fuerza para labrar profundamente y los otros no vigilan que los bueyes no salgan del surco, ¿cómo pueden esperar tener una buena cosecha si trabajan tan mal?".

—¿Habéis dicho que Megido estaba encadenado a vuestro lado? –preguntó Hadan Gula sorprendido.

—Sí, llevábamos un collar de bronce alrededor del cuello y una pesada cadena nos unía los unos a los otros. Cerca de él estaba Zabado, el ladrón de corderos que conocí en Harrun. Y al final, un hombre al que llamábamos Pirata, porque no quería decirnos su nombre. Pensábamos que era marinero, pues tenía tatuadas en el pecho unas serpientes enroscadas, a la manera de los hombres de mar. La columna estaba organizada de manera que los hombres pudieran avanzar de cuatro en cuatro.

—¿Ibais encadenado como un esclavo? –preguntó Hadan Gula incrédulo.

—¿Tu abuelo no te dijo que yo fui esclavo en un tiempo?

—Hablaba a menudo de vos, pero nunca hizo alusión a eso.

—Era un hombre en el que podías confiar los más íntimos secretos. Tú también eres un hombre en el que se puede confiar, ¿verdad? –Sharru Nada le miró fijamente a los ojos.

—Podéis contar con mi silencio, pero estoy muy sorprendido. Contadme cómo llegasteis a ser esclavo.

—Cualquiera puede encontrarse en esa situación. –Sharru Nada se encogió de hombros y continuó–: Una casa de juego y la cerveza de cebada me llevaron a la ruina. Pagué los delitos de mi hermano. Durante una pelea mató a su amigo y yo fui entregado a la viuda por mi desesperado padre para que mi hermano no fuera perseguido por la ley. Cuando mi padre no pudo conseguir dinero suficiente para liberarme, ella se enfadó y me vendió en el mercado de esclavos.

—¡Qué vergüenza y qué injusticia! –protestó Hadan Gula–. Pero decidme, ¿cómo recuperasteis vuestra libertad?

—Ya llegaremos a eso, todavía no. Continuemos con la historia. Cuando pasamos ante ellos, los labradores se mofaron de nosotros. Uno de ellos se quitó el sombrero y nos saludó inclinándose: "Bienvenidos a Babilonia", gritó, "invitados del rey. Os espera en las murallas de la ciudad, donde el banquete ya está servido: ladrillos de barro y sopa de cebollas", y rieron a mandíbula batiente.

»Pirata se enfureció y los maldijo.

»"¿Qué quiere decir eso de que el rey nos espera en las murallas?", pregunté yo.

»"En las murallas de la ciudad tendremos que llevar ladrillos hasta que se nos quiebre el espinazo, aunque tal vez nos peguen hasta la muerte antes de eso".

»"¿Quién quiere trabajar duramente?", comentó Zabado. "Esos labradores son listos y no se rompen la espalda, sólo hacen que lo parezca".

»"No se puede prosperar siendo un gandul", protestó Megido. "Si labras una hectárea, habrás hecho una buena jornada de trabajo y da lo mismo si tu amo lo sabe o no. Pero si sólo haces la mitad, eres un gandul. Yo no lo soy, me gusta trabajar y hacerlo bien, pues el trabajo es el mejor amigo que he conocido. Me ha dado toda las cosas buenas que tengo: mi granja y mis vacas, mis cosechas, todo".

»"¿Y dónde están todas esas cosas ahora?", se burló Zabado. "Creo que es más provechoso ser inteligente y pasar desapercibido sin trabajar. Mírame a mí; cuando nos vendan, yo transportaré agua o haré alguna otra tarea fácil, mientras tú, que te gusta trabajar, te partirás el espinazo transportando ladrillos", y rió estúpidamente.

»Esa noche me invadió el terror, no podía dormir. Me acerqué a la línea de guardia y cuando los otros ya se habían dormido, llamé la atención de Godoso, que hacía el primer tumo. Era uno de esos sinvergüenzas árabes, una especie de canalla que creía que si te robaba, además te tenía que cortar el cuello.

»"Dime, Godoso", le susurré. "¿Nos venderán cuando lleguemos a las murallas de Babilonia?".

»"¿Para qué lo quieres saber?", preguntó prudentemente.

»"¿No lo entiendes?", le supliqué. "Soy joven y quiero vivir. No quiero ser hostigado o azotado hasta la muerte. ¿Tengo posibilidades de tener un buen amo?".

»"Voy a decirte algo", me susurró en respuesta. "Tú eres un buen tipo, no me das problemas. La mayoría de las veces somos los primeros en ir al mercado de esclavos. Escucha bien: cuando vengan los compradores, diles que eres un buen trabajador, que te gusta trabajar duro y para un buen amo. Si no los animas a comprarte, al día siguiente te encontrarás llevando ladrillos, un trabajo agotador".

»Después se alejó. Me tumbé en la arena caliente mirando las estrellas y pensando en el trabajo. Aquello que había dicho Megido de que el trabajo era su mejor amigo me hizo preguntarme si también sería el mío. Verdaderamente lo sería si me ayudaba a liberarme.

»Cuando Megido se despertó, le susurré la buena noticia. Un brillo de esperanza nos acompañó de camino a Babilonia. A media tarde nos íbamos acercando a las murallas y podíamos ver las filas de hombres parecidos a hormigas negras que escalaban por los escarpados senderos. Al aproximamos, quedamos sorprendidos de ver a miles de hombres que trabajaban, algunos cavaban los fosos, otros transformaban la tierra en ladrillos de barro. La mayoría transportaba ladrillos en grandes cestas por los empinados caminos hasta donde se encontraban los albañiles.[1]

---

1. Las famosas construcciones de la antigua Babilonia, las murallas, los templos, los jardines colgantes y los grandes canales fueron posibles gracias al trabajo de esclavos, principalmente prisioneros de guerra, lo que explica el trato inhumano

»Los vigilantes insultaban a los rezagados y hacían chasquear los látigos en la espalda de los que se salían de la fila. Algunos pobres hombres, agotados, se tambaleaban y caían bajo las pesadas cestas incapaces de levantarse. Si los latigazos no podían ponerlos de pie, los apartaban de las filas y los dejaban de lado. Pronto caerían cuesta abajo, con los demás cuerpos de esclavos que esperaban junto al camino una sepultura sin bendecir. Me estremecí mirando esa escena; aquello era lo que le esperaba al hijo de mi padre si no tenía éxito en el mercado de esclavos.

»Godoso tenía razón. Atravesamos las puertas de la ciudad y nos dirigimos hacia la prisión de esclavos. A la mañana siguiente nos condujeron al recinto del mercado. Allí, los demás esclavos se apretaban asustados los unos contra los otros y sólo los látigos conseguían que se movieran para que los vieran los compradores. Megido y yo hablábamos animadamente con todos los hombres que nos lo permitían.

»El vendedor de esclavos llamó a los soldados de la guardia real, que encadenaron a Pirata y le pegaron brutalmente en cuanto protestó. Cuando se lo llevaron, sentí pena por él.

»Megido presintió que pronto nos separaríamos y cuando no teníamos compradores cerca, me hablaba seriamente para hacerme comprender hasta qué punto sería importante el trabajo en mi futuro. "Algunos hombres lo detestan. Lo hacen su enemigo. Es mejor que lo trates como a un amigo, hacer que te quiera. No te preocupes si es duro. Cuando quieres construir una buena casa, no te importa si las vigas son pesadas o si el

---

que recibían. Algunos también eran ciudadanos de Babilonia y sus provincias, vendidos como esclavos a causa de delitos que hubieran cometido o de problemas financieros. Era costumbre que los hombres se ofrecieran a sí mismos o a sus familias para garantizar el pago de préstamos, juicios legales y otras obligaciones. Por lo que en caso de impago, las personas afectadas podían ser vendidas como esclavos.

pozo del que sacas el agua para el yeso está lejos. Prométeme, muchacho, que, si tienes un amo, trabajarás para él tanto como puedas. No te inquietes si él no aprecia tu trabajo. Recuerda que el trabajo bien hecho hace bien al que lo realiza, lo convierte en un hombre mejor". Aquí se paró porque un corpulento agricultor venía hacia la valla para mirarnos con interés.

»Megido le preguntó sobre su granja y sus cultivos, convenciéndolo de que le sería de gran utilidad. Tras un violento regateo con el vendedor de esclavos, el granjero sacó una gran bolsa de oro de entre sus ropas y poco después Megido seguía a su nuevo amo y desaparecía.

»Otros hombres fueron vendidos durante la mañana. A mediodía, Godoso me confió que el vendedor estaba ya harto y que no pasaría una noche más allí, sino que al atardecer llevaría el resto de esclavos al comprador del rey. Yo ya estaba desesperando de mi suerte cuando un hombre gordo y de aspecto amable se acercó al muro y preguntó si entre nosotros había algún pastelero.

»"¿Para qué necesita un buen pastelero como vos a un pastelero de calidad inferior?", le dije acercándome. "¿No sería más fácil enseñar a un hombre de buena voluntad como yo los secretos de vuestro oficio? Miradme: soy joven, fuerte y me gusta trabajar. Dadme una oportunidad y haré todo lo que pueda para llenar de oro vuestra bolsa".

»Quedó impresionado por mi buena voluntad y comenzó a regatear con el vendedor. Éste nunca se había fijado en mí desde que me compró, pero ahora alababa con gran elocuencia mis virtudes, mi buena salud y mi buen carácter. Me sentí como un buey cebado que vendieran a un carnicero. Para mi gran alegría, al final se cerró el trato y me fui con mi nuevo amo pensando que yo era el hombre más afortunado de Babilonia.

»Mi nueva casa era de mi agrado. Nana-naid, mi amo, me enseñó a moler la cebada en un cuenco de piedra del patio, a hacer un fuego en el horno y finalmente a moler muy fina la harina de sésamo para hacer los pasteles de miel. Yo dormía en el granero en que se guardaba el cereal. La vieja esclava, la criada Swasti, me alimentaba bien y estaba contenta de que le ayudara a hacer las tareas más difíciles.

»Esa era la oportunidad de ser útil a mi amo que había deseado ardientemente y en ella esperaba encontrar una vía para ganar mi libertad.

»Pedí a Nana-naid que me enseñara a amasar y cocer el pan, y lo hizo, contento por mi buena voluntad. Más tarde, cuando ya dominaba estas técnicas, le pedí que me mostrara cómo hacer los pasteles de miel y pronto hice toda la pastelería. Mi amo estaba contento de poder no hacer nada, pero Swasti sacudía la cabeza en signo de desaprobación. "No es bueno para ningún hombre estar sin trabajar", declaraba.

»Pensé que era el momento de empezar a pensar en una manera de ganar las monedas para comprar mi libertad. Como acababa mi trabajo a mediodía, pensé que Nana-naid estaría de acuerdo en que buscara un empleo provechoso para las tardes, trabajo del que podríamos compartir los beneficios. Después tuve una idea: ¿por qué no hacer más pasteles de miel y venderlos a los hombres hambrientos en las calles de la ciudad?

»Presenté mi plan a Nana-naid de la siguiente manera: "Si una vez haya terminado la pastelería, puedo disponer de mis tardes para haceros ganar más dinero a vos, ¿no sería justo que compartierais parte de las ganancias conmigo? Así tendré un dinero propio para poder comprar las cosas que todo hombre desea y necesita".

»"Es bastante justo", admitió. Cuando le presenté mi plan para vender pasteles de miel, se puso muy contento. "Mira lo qué haremos", sugirió. "Los venderás a un céntimo el par; me devolverás la mitad de lo que ganes para pagar la harina, la miel y la leña necesaria para cocerlos. Yo me quedaré con la mitad del resto y la otra mitad será para ti".

»Me complació mucho aquella generosa oferta que consistía en darme la cuarta parte de mis ventas. Esa noche trabajé hasta tarde para fabricar una bandeja sobre la que colocar los pasteles. Nana-naid me dio uno de sus vestidos usados para que tuviera un aspecto decente y Swasti me ayudó a remendarlo y lavarlo.

»Al día siguiente, hice una cantidad de más de pasteles de miel. Comencé a anunciar mi mercancía paseándome por la calle; los pasteles tenían aspecto de estar bien cocidos y ser apetitosos. Al principio nadie parecía interesado y me desanimé, pero continué y cuando más tarde los hombres tuvieron hambre, empezaron a comprar y muy pronto la bandeja estaba vacía.

»Nana-naid estaba muy contento de mi éxito y me pagó mi parte gustoso. Yo estaba encantado de tener algún dinero. Megido tenía razón cuando decía que el amo aprecia los trabajos de un buen esclavo. Aquella noche estaba tan excitado por mi éxito que apenas pude dormir e intenté calcular cuánto podía ganar en un año y cuántos años necesitaría para comprar mi libertad.

»Paseándome con la bandeja de pasteles, pronto encontré clientes regulares. Uno de ellos no era otro que tu abuelo, Arad Gula. Era vendedor de alfombras y las vendía a las amas de casa. Iba de un extremo a otro de la ciudad acompañado de un burro cargado de alfombras y de un esclavo negro que lo cuidaba. Compraba dos pasteles para él y dos para su esclavo. Siempre se entretenía a hablar conmigo mientras los comían.

»Tu abuelo me dijo una cosa que recordaré siempre: "Me gustan tus pasteles, muchacho, pero me gusta aún más el ardor con que los vendes. Un espíritu así te puede llevar muy lejos en el camino del éxito".

»¿Puedes comprender, Hadan Gula, lo que esas palabras de aliento significaron para un joven esclavo, solo en una gran ciudad, que luchaba contra sí mismo para encontrar una puerta de salida a su humillación?

»A medida que los meses pasaban, iba engrosando mi bolsa, que empezaba a tener un peso reconfortante colgada de mi cinturón. El trabajo se había convertido en mi mejor amigo, como había predicho Megido. Yo estaba feliz, pero Swasti se mostraba intranquila.

»"Temo por tu amo, pasa demasiado tiempo en las casas de juego", protestaba.

»Un día me invadió la felicidad al encontrar a mi amigo Megido en la calle. Llevaba tres asnos cargados de verduras al mercado. "Estoy muy bien", dijo, "mi amo aprecia mi trabajo y ya soy capataz. Mira, me confía los productos que vende en el mercado e incluso les envía algunos a mi familia. El trabajo me ayuda a recuperarme de mi gran desgracia y algún día me ayudará también a comprar mi libertad y a volver a tener una granja".

»Pasó el tiempo y Nana-naid tenía cada día más prisas por verme llegar después de mi venta. Esperaba mi vuelta, contaba impaciente el dinero y lo dividía. Me presionaba para que buscara nuevos clientes y aumentara mis ventas.

»A menudo salía de las puertas de la ciudad para buscar a los vigilantes de los esclavos que construían las murallas. Detestaba ver aquellas escenas desagradables, pero me di cuenta de que los vigilantes eran compradores generosos. Un día, para mi sorpresa, vi a Zabado esperando en la fila para cargar de ladrillos su cesto. Estaba flaco y encorvado, y su espalda llena de cicatrices y llagas producidas por los látigos de los vigilantes. Me dio pena y le di un pastel que aplastó contra su boca como un animal famélico. Viendo el ansia que se reflejaba en su mirada, corrí antes de que pudiera atrapar mi bandeja.

»"¿Por qué trabajas tan duramente?", me preguntó un día Arad Gula, casi la misma pregunta que tú me has hecho hoy, ¿te acuerdas? Le dije lo que me había contado Megido sobre el trabajo y cómo había resultado ser mi mejor amigo. Le enseñé con orgullo mi bolsa de monedas y le conté que ahorraba para comprar mi libertad.

»"¿Qué harás cuando seas libre?", preguntó.

»"Tengo la intención de hacerme mercader", respondí.

»Entonces me confió algo que nunca había sospechado: "Tú no sabes que yo también soy esclavo, soy socio de mi amo".

—Calla –ordenó Hadan Gula con los ojos brillantes de cólera–, no escucharé mentiras difamatorias sobre mi abuelo. No era ningún esclavo.

Sharru Nada dijo con calma:

—Lo honro por haberse elevado desde su desgracia y haberse convertido en un gran ciudadano de Damasco. ¿Y tú, su nieto, estás hecho de la misma madera? ¿Eres tan hombre como para hacer frente a la realidad o prefieres vivir con falsas ilusiones?

Hadan Gula se irguió en la silla y respondió con la voz ahogada por una profunda emoción:

—Todo el mundo amaba a mi abuelo, sus buenas acciones fueron incontables. ¿No fue él quien, cuando llegó el hambre, compró grano en Egipto y lo transportó en su caravana para distribuirlo entre la gente y que así no murieran de hambre?

¿Por qué decís que no era más que un despreciable esclavo de Babilonia?

—Si siempre hubiera sido un esclavo, tal vez habría sido despreciable, pero cuando gracias a su esfuerzo se convirtió en un gran hombre en Damasco, seguro que los dioses le perdonaron sus desgracias y lo honraron con su respeto –respondió Sharru Nada.

»Tras decirme que era un esclavo, me contó hasta qué punto ansiaba recobrar su libertad, pero que en ese momento que por fin poseía suficiente dinero para comprarla, estaba preocupado por lo que haría en el futuro. Ya no hacía buenas ventas como antes y temía el momento en que careciera del apoyo de su amo.

»Me indigné por su indecisión: "No te ates más a tu amo. Encuentra de nuevo la sensación de ser un hombre libre. Actúa como tal y triunfa como tal. Decide qué es lo que quieres conseguir y el trabajo te ayudará a conseguirlo". Continuó su camino diciéndome que estaba contento de que lo hubiera hecho avergonzarse por su cobardía.[2]

»Un día llegué fuera de las murallas y me extrañó ver allí a un gran gentío. Cuando pregunté a un hombre qué pasaba, me respondió: "¿No lo has oído? Han llevado ante la justicia a un esclavo fugitivo que mató a un guardián y lo flagelarán hasta la muerte. Incluso el rey en persona estará presente".

»El gentío era tan numeroso cerca del poste de flagelación que temí acercarme más por miedo a que volcaran mi bande-

2. Las costumbres de los esclavos de la antigua Babilonia, aunque nos parezca contradictorio, estaban estrictamente reguladas por la ley. Un esclavo, por ejemplo, podía poseer bienes de todo tipo, incluso otros esclavos sobre los que su amo no tenía ninguna potestad. Los esclavos se casaban libremente con no esclavos. Los hijos de mujeres libres eran libres. La mayoría de los comerciantes de la ciudad eran esclavos; muchos de ellos tenían negocios con sus amos y eran ricos.

ja de pasteles de miel. Entonces subí a la muralla inacabada para mirar por encima de las cabezas. Tuve la suerte de ver a Nabucodonosor en persona que avanzaba en su carro dorado. Jamás había visto tal esplendor, ropas semejantes, paños de tejido dorado guarnecidos de terciopelo como aquellos.

»No pude ver la flagelación, pero pude oír los gritos desgarradores del pobre esclavo. Me pregunté cómo alguien tan noble como nuestro rey podía aceptar ver un sufrimiento tal; pero cuando vi que reía y bromeaba con sus nobles, supe que era cruel y entendí por qué imponía a los esclavos que construían las murallas aquellas inhumanas tareas.

»Una vez muerto el esclavo, colgaron su cuerpo de una pierna en el poste para que todo el mundo pudiera verlo. Cuando la muchedumbre se comenzó a dispersar, me acerqué a él y en su pecho reconocí el tatuaje de las dos serpientes abrazadas. Era Pirata.

»Cuando volví a ver a Arad Gula, era ya otro hombre. Me recibió lleno de entusiasmo. "Mira al esclavo libre. Tus palabras fueron mágicas. Mis ventas y beneficios ya van aumentando; mi mujer está encantada. Ella era una mujer libre, la sobrina de mi amo, y desea ardientemente que nos mudemos a un pueblo donde nadie sepa que yo he sido esclavo. De esta manera nuestros hijos estarán a salvo de todo reproche sobre la desgracia de su padre. El trabajo ha sido mi mejor ayuda, me ha hecho capaz de recuperar la confianza y la habilidad para vender".

»Estaba encantado de haber podido ayudarlo, aunque sólo hubiera sido para devolverle los ánimos que él me había dado.

»Una noche, Swasti vino a verme angustiada y me dijo: "Tu amo está en problemas. Tengo miedo por él. Hace unos meses perdió mucho dinero en el juego, ya no paga al granjero la harina y la miel, y tampoco al prestamista. Y ahora están enfadados y lo amenazan".

»"¿Por qué debemos preocuparnos por sus locuras?", dije sin pensar. "No somos sus guardianes".

»"Loco, no comprendes nada. Ha dado tu título al prestamista como aval. Según la ley, puede reclamarte y venderte. No sé qué hacer, es un buen amo. ¿Por qué se ha de abatir sobre él una desgracia así?".

»Los temores de Swasti tenían fundamento. Al día siguiente, mientras hacia los pasteles por la mañana, llegó el prestamista con un hombre que se llamaba Sasi. Ese hombre me miró y dijo que le parecía buen trato.

»El prestamista no esperó a que llegara mi amo y le dijo a Swasti que le informara de que me habían llevado. Con solo la ropa que tenía encima y mi bolsa fuertemente atada a mi cinturón, me obligaron a alejarme de los pasteles sin acabar.

»Me habían alejado de mis deseos más profundos como el huracán arranca el árbol del bosque y lo arroja en el tempestuoso mar. Una casa de juego y la cerveza de cebada me volvían a causar desgracias.

»Sasi era brusco, tosco. Mientras me conducía a través de la ciudad, le iba contando el buen trabajo que había hecho para Nana-naid y le decía que esperaba hacer lo mismo por él. Su respuesta no me dio ningún ánimo: "No me gusta ese trabajo, ni tampoco a mi amo. El rey le ha ordenado que me envíe a construir una parte del Gran Canal. Mi amo me ha dicho que comprara más esclavos, que trabajara duro y que acabara rápidamente, pero ¿cómo se puede acabar un trabajo tan enorme rápidamente?".

»Imagina el desierto sin árboles; tan sólo pequeños arbustos y un sol tan ardiente que el agua de nuestros barriles se calentaba tanto que nos costaba beberla. Después imagina filas de hombres que bajan a un profundo agujero y suben arrastrando pesados cestos llenos de tierra por senderos polvorientos de sol a sol. Imagina la comida servida en abrevaderos que usábamos como cerdos. No teníamos tiendas ni paja para las camas. En esta situación me encontré. Enterré mi bolsa en un sitio marcado preguntándome si algún día saldría de allí.

»Al principio trabajaba con buena voluntad, pero a medida que los meses pasaban, sentía cómo se me quebraba el alma. Luego la fiebre se apoderó de mi cuerpo magullado. Perdí el apetito y apenas podía comer el cordero y las verduras que nos ponían. Por la noche daba vueltas en mi camastro sin poderme dormir.

»En mi miseria, me preguntaba si no era el mejor el plan de Zabado, holgazanear e intentar no partirse el espinazo trabajando. Entonces recordé la última vez que lo había visto y me di cuenta de que su plan no era bueno.

»En mi amargura, pensé en Pirata y me pregunté si no era preferible luchar y matar. La memoria de su cuerpo ensangrentado me recordó que también su plan era inútil.

»Entonces me acordé de Megido, sus manos eran profundamente callosas a fuerza de trabajo, pero su corazón estaba ligero y en su rostro había felicidad. Su plan era el mejor.

»Sin embargo, yo estaba tan dispuesto a trabajar como Megido; él no habría trabajado más duramente. ¿Por qué mi trabajo no me proporcionaba felicidad y éxito? ¿Era el trabajo lo que había dado la felicidad y el éxito a Megido o había sido más bien cosa de los dioses? ¿Trabajaría el resto de mi vida sin satisfacer mis deseos, sin éxito ni felicidad? Todas estas preguntas se agolpaban sin respuesta en mi mente. Me encontraba dolorosamente confuso.

»Varios días más tarde, cuando ya me creía al límite de mis fuerzas y mis preguntas continuaban sin respuesta, Sasi hizo que fueran a buscarme. Mi amo había hecho venir a un mensajero para llevarme a Babilonia. Cavé para recuperar mi precioso saquito, lo escondí entre mis harapos y partí.

»Al marchar, aquellos mismos pensamientos siguieron pasando raudos por mi cerebro febril, como un huracán dando vueltas a mi alrededor. Me pareció vivir la extraña letra de una canción de Harrun, mi ciudad natal:

Mira al hombre que como un torbellino
Se comporta como la tormenta
Que en su carrera nadie puede seguir
Y su destino nadie puede predecir.

»¿Era mi destino ser castigado por no sabía qué? ¿Qué miserias y decepciones me esperaban?

»Imagina mi sorpresa cuando, al llegar al patio de la casa de mi amo, vi a Arad Gula que me esperaba. Me ayudó a entrar y me abrazó como a un hermano perdido hace tiempo.

»Por el camino le habría seguido como un esclavo sigue a su amo, pero no me lo permitió. Pasó su brazo por mis hombros y me dijo: "Te busqué por todas partes. Cuando ya no tenía esperanzas, encontré a Swasti, quien me contó la historia del prestamista, y así he encontrado a tu noble amo. El ha negociado con dureza y me ha hecho pagar un precio desorbitado, pero tú lo vales. Tu filosofía y tu audacia han inspirado mi éxito actual".

»"La filosofía de Megido, no la mía", interrumpí.

»"La de Megido y la tuya. Gracias a los dos, ahora vamos a Damasco, donde te necesito como socio. ¡Mira!", exclamó, “dentro de un momento serás un hombre libre!”. Dicho esto, sacó del interior de su ropa una tablilla de barro que era mi título. La levantó por encima de su cabeza y la tiró con fuerza contra el pavimento de piedra para romperla en mil pedazos. Pisó con alegría los añicos hasta que quedaron reducidos a polvo.

»Mis ojos se llenaron de lágrimas de agradecimiento. Sabía que era el hombre más afortunado de Babilonia.

»¿Ves? En el momento de mayor angustia, el trabajo resultó ser mi mejor amigo. Mi buena voluntad de trabajar me permitió no tener que ir con los esclavos que construían las murallas e impresionó a tu abuelo hasta el punto de que me quisiera hacer su socio.

—Entonces, ¿el trabajo era la clave secreta de los shekeles de oro de mi abuelo? –preguntó Hadan Gula.

—Era la única que tenía cuando yo lo conocí –respondió Sharru Nada–. A tu abuelo le gustaba trabajar, por lo que los dioses apreciaron sus esfuerzos y lo recompensaron generosamente.

—Empiezo a entender –dijo Hadan Gula mientras pensaba–. El trabajo atrajo a sus numerosos amigos, que admiraban su perseverancia y el éxito que le proporcionaba. El trabajo le dio los honores que apreciaba tanto en Damasco. El trabajo le aportó todas esas cosas de las que he disfrutado. ¡Y yo creía que el trabajo era sólo para los esclavos!

—La vida está llena de numerosos placeres de los que puede gozar el hombre –comentó Sharru Nada–, y cada uno tiene su lugar. Estoy contento de que el trabajo no esté sólo reservado a los esclavos. Si así fuera, me vería privado de mi mayor placer. Hay muchas cosas que me gustan, pero nada reemplaza al trabajo.

Sharru Nada y Hadan Gula pasaron por la sombra de las elevadas murallas hacia las macizas puertas de bronce de Babilonia. A su llegada, los guardias de la puerta se pusieron firmes y saludaron respetuosamente al honorable ciudadano. Con la cabeza bien alta, Sharru Nada condujo la larga caravana a través de las puertas y por las calles de la ciudad.

—Siempre he querido ser un gran hombre como mi abuelo –le confió Hadan Gula–. Nunca había entendido qué clase de hombre era. Vos me lo habéis mostrado. Ahora lo entiendo, lo admiro todavía más y me siento más determinado a convertirme en un hombre como él. Temo no poderos pagar nunca por haberme dado la auténtica clave de su éxito; a partir de hoy, la usaré siempre. Empezaré humildemente, como él, y eso será más acorde con mi verdadera condición que las joyas y las bellas ropas.

Y al tiempo que decía eso, Hadan Gula retiró los anillos de sus dedos y los pendientes de sus orejas. Aflojó las riendas de su caballo, retrocedió unos pasos y se colocó tras el jefe de la caravana con un profundo respeto.

11. Un resumen histórico de Babilonia

No ha habido en el curso de la historia una ciudad más atractiva que Babilonia. Su nombre evoca visiones de riqueza y esplendor, y sus tesoros de oro y joyas eran fabulosos. Podríamos pensar que una ciudad así tenía un emplazamiento maravilloso, rodeada de ricos recursos naturales como bosques o minas en un exuberante clima tropical. No era el caso. Se extendía a lo largo del curso de los ríos Tigris y Éufrates en un valle árido y plano. No había bosques, minas, ni tan sólo piedra para la construcción. No estaba en una vía comercial natural y las lluvias eran insuficientes para la agricultura.

Babilonia es un ejemplo de la capacidad del hombre para alcanzar grandes objetivos usando los medios que tiene a su alcance. Todos los recursos habían sido desarrollados por el hombre, todas las riquezas resultaban del trabajo humano.

Babilonia poseía tan sólo dos recursos naturales: una tierra fértil y el agua del río. Gracias a una de las más grandes realizaciones técnicas de todos los tiempos, los ingenieros babilonios desviaron las aguas del río mediante diques e inmensos canales de regadío. Los canales atravesaban todos los parajes del árido valle para llevar agua al fértil suelo. Estas obras constituyen uno de los primeros trabajos de ingeniería de la historia y el sistema de regadío permitió que las cosechas fueran más abundantes de lo que lo habían sido nunca.

Afortunadamente, Babilonia fue gobernada durante su larga existencia por sucesivas líneas de reyes que sólo se dedicaron ocasionalmente a las conquistas y los saqueos. Aunque la ciudad se embarcó en diversas guerras, éstas fueron locales o eran para defenderse de los ambiciosos conquistadores llegados de otros países que codiciaban sus fabulosos tesoros. Los extraordinarios dirigentes de Babilonia pasaron a la historia gracias a su sabiduría, audacia y justicia. Babilonia no dio orgullosas monarquías que querían conquistar el mundo conocido y forzar a las naciones a someterse.

Babilonia ya no existe como ciudad. Cuando las fuerzas humanas que construyeron y mantuvieron la ciudad durante miles de años desaparecieron, se convirtió rápidamente en una desierta ruina. Estaba situada en Asia, a unos mil kilómetros del canal de Suez, justo al norte del golfo Pérsico. Su latitud era cercana a los treinta grados sobre el ecuador, parecida a la de Yuma, Arizona, y poseía un clima semejante al de esta ciudad, caliente y seco.

El valle del Éufrates, en otro tiempo populosa región agrícola, es hoy una llanura árida barrida por el viento. Las escasas hierbas y los arbustos del desierto luchan contra la arena llevada por el viento. Los fértiles campos, las grandes ciudades y las largas caravanas de los ricos comerciantes ya no existen. Las tribus árabes nómadas son los únicos habitantes del valle desde la era cristiana y subsisten gracias a sus pequeños rebaños.

La región está salpicada de colinas. Al menos durante siglos, sólo fueron consideradas como tales, pero los fragmentos de alfarería y ladrillos gastados por las ocasionales lluvias llamaron finalmente la atención de los arqueólogos. Se organizaron campañas para realizar excavaciones financiadas por museos europeos y americanos. Los picos y las palas demostraron rápidamente que aquellas colinas eran antiguas ciudades, podríamos llamarlas 'tumbas de ciudades'.

Babilonia es una de ellas. Los vientos esparcieron sobre ella el polvo del desierto durante veinte siglos. Las murallas, originalmente construidas de ladrillo, se habían desintegrado y habían vuelto a la tierra. Así es hoy en día la rica ciudad de Babilonia: un montón de tierra abandonado hace tanto tiempo que nadie conocía su nombre hasta que se retiraron los escombros acumulados durante siglos en las calles, los nobles templos y los palacios.

Algunos científicos consideran que las civilizaciones babilónicas y las de las otras ciudades del valle son las más antiguas de las que se tiene conocimiento. Se han demostrado de manera fehaciente algunas fechas que se remontan hasta los 8.000 años de antigüedad. En las ruinas de Babilonia se descubrieron descripciones de un eclipse solar. Los astrónomos modernos calcularon fácilmente cuándo hubo un eclipse visible en Babilonia y pudieron, de este modo, establecer la relación entre su calendario y el nuestro.

Así se pudo calcular que hace 8.000 años, los sumerios que ocupaban Babilonia vivían en ciudades fortificadas. No se puede calcular desde cuándo existían dichas ciudades. Sus habitantes no eran simples bárbaros que vivían en el interior de unas murallas protectoras, sino gentes cultivadas e inteligentes. Tanto como puede remontarse en el pasado la historia escrita, fueron los primeros ingenieros, astrónomos, matemáticos, financieros, y el primer pueblo que poseyó una lengua escrita.

Ya hemos hablado de los sistemas de regadío que transformaron el árido valle en un vergel cultivado. Los vestigios de los canales son aún visibles aunque la mayoría están llenos de arena. Algunos de ellos eran tan grandes que cuando no llevaban agua, una docena de caballos podían galopar de frente en su interior. Se los compara en amplitud con los canales más anchos de Colorado y Utah.

Además de regar la tierra, los ingenieros babilonios llevaron a cabo otro proyecto igualmente vasto: recuperar una inmensa región pantanosa en la desembocadura del Éufrates por medio de un sistema de drenaje y hacerla cultivable.

Herodoto, historiador y viajero griego, visitó Babilonia tal como era durante su apogeo y nos dejó la única descripción conocida hecha por un extranjero. Sus escritos presentan una pintoresca descripción de la ciudad y algunas de las extrañas costumbres de sus habitantes. Menciona la fertilidad notable de la tierra y las abundantes cosechas de trigo y cebada que se recogían.

La gloria de Babilonia se ha apagado, pero su sabiduría ha sido conservada para nosotros gracias a los archivos. En aquellos lejanos tiempos, el papel no había sido todavía inventado, y en su lugar, la gente grababa laboriosamente sus escritos en tablillas de arcilla húmeda. Cuando las acababan, las cocían y quedaban duras. Medían aproximadamente seis por ocho pulgadas y el espesor era de una pulgada.

Utilizaban estas tablillas de barro, como se les llama comúnmente, igual que nosotros usamos las modernas formas de escritura. Se grababan leyendas, poesías, historias, transcripciones de decretos reales, leyes del país, títulos de propiedad, billetes e incluso cartas que eran enviadas mediante mensajeros hacia ciudades lejanas. Gracias a estas tablillas hemos podido conocer asuntos íntimos de la gente. Una tablilla que seguramente provenía de los archivos del almacenero del país cuenta, por ejemplo, que un cliente llevó una vaca y la cambió por siete sacos de trigo, tres entregados en el mismo momento y los otros cuatro a conveniencia del cliente.

Los arqueólogos recuperaron bibliotecas enteras de estas tablillas, cientos de miles de ellas, protegidas por los escombros de las ciudades.

Las inmensas murallas que rodeaban la ciudad constituían una de las extraordinarias maravillas de Babilonia. Los antiguos las consideraron comparables a las pirámides de Egipto y las situaron entre las siete maravillas del mundo. El mérito de la construcción de las primeras murallas es atribuible a la reina Semiramis, pero los arqueólogos modernos no han podido encontrar vestigios de esas primeras construcciones, ni establecer su altura exacta. Por los escritos de los antiguos, se estima que medían entre unos cincuenta y sesenta pies en la parte exterior, que estaban hechas de ladrillos cocidos y protegidas por un profundo foso de agua.

Las murallas más recientes y célebres fueron construidas unos 600 años antes de Cristo por el rey Nabopolasar, quien planeó una construcción tan colosal que no pudo vivir para ver el final de las obras. Fue su hijo Nabucodonosor, cuyo nombre aparece en la Biblia, quien las terminó.

La altura y la longitud de estas murallas más recientes nos dejan atónitos. Una autoridad digna de confianza informó que debieron de tener alrededor de cincuenta y dos metros, es decir, la altura de un edificio moderno de quince pisos. Se estima que la longitud total era de entre quince y diecisiete kilómetros y la anchura era tal que en su parte superior podía correr un carro tirado por seis caballos. No queda prácticamente nada de esta formidable estructura excepto una parte de los cimientos y el foso. Además de los destrozos de la naturaleza, los árabes se llevaron los ladrillos para construir en otras partes.

Uno tras otro, los ejércitos victoriosos de casi todos los conquistadores de ese período de guerras invasoras se enfrentaron contra las murallas de Babilonia. Una multitud de reyes asedió Babilonia, pero todo fue en vano. Los ejércitos invasores de aquel tiempo no eran despreciables y los historiadores hablan de fuerzas de 10.000 caballeros, 25.000 carros y de 1.200 regimientos de soldados de infantería de 1.000 hombres cada uno. A menudo necesitaban dos o tres años de preparación para reunir el material de guerra y depositar provisiones a lo largo de la línea de marcha propuesta.

La ciudad de Babilonia estaba organizada casi como un ciudad moderna. Había calles y tiendas, vendedores ambulantes que ofrecían sus mercancías en los barrios residenciales, sacerdotes que oficiaban en templos magníficos. Un muro aislaba los palacios reales en el interior de la ciudad. Dicen que era más alto que las murallas de la ciudad.

Los babilonios eran artesanos hábiles que trabajaban en la escultura, la pintura, el tejido y el oro, y fabricaban armas de metal y maquinaria agrícola. Los joyeros creaban piezas de gusto exquisito y algunas muestras que han sido recuperadas de las tumbas de ricos ciudadanos se exponen en museos de todo el mundo.

En una época muy lejana, cuando el resto del mundo cortaba árboles con hachas de piedra o cazaba y luchaba con lanzas y flechas con punta de piedra, los babilonios ya usaban hachas, lanzas y flechas de metal.

Eran financieros y comerciantes inteligentes. Por lo que sabemos, fueron los inventores del dinero como moneda de cambio, de los billetes y de los títulos de propiedad escritos.

Babilonia no fue conquistada por sus enemigos hasta cerca de 540 años antes de Cristo, pero tampoco entonces fueron tomadas las murallas. La historia de la caída de Babilonia es de lo más extraordinario. Ciro, uno de los grandes conquistadores de la época, proyectaba atacar la ciudad y tomar las inexpugnables murallas. Los consejeros de Nabonido, rey de Babilonia, le persuadieron para que fuera ante Ciro y librara batalla sin esperar a que la ciudad estuviera asediada. El ejército babilonio, tras consecutivas derrotas, se alejó de la ciudad. Ciro entró por las puertas abiertas de la ciudad, que no opuso resistencia.

El poder y el prestigio de Babilonia fueron declinando gradualmente hasta que al cabo de unos siglos, fue abandonada, dejada a merced de vientos y tormentas que la devolvieron al desierto sobre el que se había alzado en su origen. Babilonia había caído para no volverse a levantar nunca, pero debemos mucho a su civilización.

Los eones han reducido a polvo las orgullosas paredes de sus templos, pero su sabiduría aún pervive.

Índice